李清照词传

人生是一场绚烂的花事

平 阳 著

长江出版传媒　长江文艺出版社

图书在版编目（ＣＩＰ）数据

李清照词传：人生是一场绚烂的花事 / 平阳著. --
武汉 ：长江文艺出版社， 2017.3
（浪漫古典行. 人物卷）
ISBN 978-7-5354-8967-8

Ⅰ. ①李… Ⅱ. ①平… Ⅲ. ①李清照（1084-约
1151）－传记 Ⅳ. ①K825.6

中国版本图书馆 CIP 数据核字(2016)第 160638 号

责任编辑：张远林　　　　　　　　责任校对：陈　琪
封面设计：周　佳　　　　　　　　责任印制：邱　莉　刘　星

出版：长江出版传媒　长江文艺出版社

地址：武汉市雄楚大街 268 号　　　邮编：430070
发行：长江文艺出版社
电话：027—87679360
http://www.cjlap.com
印刷：湖北鄂南新华包装印刷有限公司

开本：640 毫米×970 毫米　　1/16　印张：16　插页：1 页
版次：2017 年 3 月第 1 版　　　2017 年 3 月第 1 次印刷
字数：207 千字

定价：32.00 元

目录

Chapter 01

闺　中

宋神宗元丰七年（1084年），李清照出生于今山东章丘明水镇。

山东，是齐鲁文化圈的核心，是儒家文化的重地。一代圣人孔子，出生于山东曲阜。冥冥中，似有某种割舍不断的联系。

其父李格非，有儒者的廉正清刚，官至太学正，也有士者的文采风流，著述颇丰，为"苏门后四学士"之一。其母王氏，出生于官宦世家，先祖在宋仁宗时，曾官至吏部尚书。史书记载，"亦善文"。

一个人的家世出身对其影响濡染，是深刻的。

她晚年在一首回忆诗中说："嫠家父祖生齐鲁，位下名高谁比数？当时稷下纵谈时，犹记人挥汗成雨。"

从我的祖辈，我懂得了谦虚和自信。

从我的母亲，我濡染了仁爱、虔诚、清简，还有一个女子在那个时代的可贵自由。

因生母在她幼年去世，父亲继娶王拱辰孙女，此后便离开家乡去了汴京。幼年的李清照在家乡明水镇随祖父母一起生活，直至十多岁，父亲将她接到京城与继母和弟弟一起生活。故乡，站在了她的身后，她幼小的心灵定会有千丝万缕的不舍，还有对陌生未知世界的隐约恐惧，她的心是敏感的。

只是，这种不适很快便过去了。

父亲对她是爱宠的，甚至有着一般人家所没有的宽容与开明。母亲是贤良的，更要紧的是，她是一个知书善文的女子。

陈寅恪说："六朝及天水一朝，思想是最为自由的。"这种文化上的自由和兼容精神，整个宋代有，李清照家也有。它既在某种程度上成全了李清照，也在某种程度上雕塑了她的个性和精神面貌。

我们无法还原她青少年时期的生活原貌，更无法得知她心理的种种细节。但从她留下的为数不多的有关那时的诗和词中，我们大致可以嗅到她真实的气息，感受她的心灵和世界。

青少年时期，她并没有受到太多束缚。

她是完整的，拥有思想自由，也有身体自由。而身体自由包括行动自由与审美自由。

她喜欢大自然，因为那里可以唤醒她内心深处柔软、细腻、沉睡的诗意。最爱的便是溪亭泛舟，兴尽晚归，误入藕花深处。争渡，争渡，惊起一滩鸥鹭。父亲和一些前辈惊艳于她《如梦令》的技巧，她自知，自己只是真诚地表达了她的欢悦。无需炫技，真本身就是强大的力量。

她对美好的逝去有着异乎寻常的敏感。一夜疏风骤雨，她的心悬在窗外那枝海棠上，惴惴不安地问着卷帘侍女，换来的却是漠然一句"海棠依旧"。她说，你知道吗，你知道吗，应是"绿肥红瘦"。

美在于发现，在于邂逅，是机缘，是颖悟。凌晨四点钟，看到海棠花未眠，看到生并非死的对立面，死潜伏于生之中。这就是她，一个少女心底所拥有的审美自由。

她在思想上是自由的。生于书香之家，断然离不开书。一个爱读书的人，永远不会沦落为精神世界的卑微者。岁月忽其不淹兮，春与秋其代序。时光流逝，岁月如歌，生命一天天在书香的濡染中，会变得越来越芳香醇厚。那是来自灵魂的香味，会自然散发出来。

她看到了张耒《读中兴碑》一诗，心灵激荡，提笔和诗：

其一

五十年功如电扫，华清花柳咸阳草。五坊供奉斗鸡儿，酒肉堆中不知老。

胡兵忽自天上来，逆胡亦是奸雄才。勤政楼前走胡马，珠翠踏尽香尘埃。

何为出战辄披靡，传置荔枝多马死。尧功舜德本如天，安用区区纪文字。

著碑铭德真陋哉，乃令神鬼磨山崖。子仪光弼不自猜，天心悔祸人心开。

夏商有鉴当深戒，简策汗青今具在。君不见当时张说最多机，虽生已被姚崇卖。

其二

君不见惊人废兴传天宝，中兴碑上今生草。不知负国有奸雄，但说成功尊国老。

谁令妃子天上来，虢秦韩国皆天才。花桑羯鼓玉方响，春风不敢生尘埃。

姓名谁复知安史，健儿猛将安眠死。去天尺五抱瓮峰，峰头凿出开元字。

时移势去真可哀，奸人心丑深如崖。西蜀万里尚能返，南内一闭何时开。

可怜孝德如天大，反使将军称好在。

呜呼，奴辈乃不能道辅国用事张后专，乃能念春荠长安作斤卖。

她哀叹英雄失路，她憎厌奸小当权，她直指文字纪功是虚无的，公道天理，自在人心。眼光犀利，笔锋也一样犀利，直指上层统治者之七寸。其胸襟与见识，远远不是一个寻常的女孩子所具备的。巾帼之气，何让须眉？

大儒朱熹见此啧啧称奇说："如此等语，岂女子所能？"

那时，她仅仅只有十六七岁。

可她终究只是一个女子，深闺，才是她最好的归宿。

后花园中初见了心上人，惊慌之余，带着不舍，倚门回首，却把青梅嗅，内心的喜悦和激动，明净而纯粹。

从今后，明亮的青春底色上，笼上了层层迷离的轻愁。一颗等待的心，在等待中越来越敏感，越来越惊慌，越来越惆怅。

理瑶琴也缓解不了，秋千又被黄昏的雨淋湿，就连往日里爱玩的斗草，也了无兴趣。倚在闺阁内，或无语登楼，或重帘不卷，伴着玉炉沉水的袅袅残烟，想着窗外的梨花恐难禁一夜风，河岸上的柳早已生绵，做一个飘渺怅然的梦。

时光在前行，我有一帘幽梦，不知与谁能共。

从一个明媚无邪的少女，走向多愁善感的青春。像席慕蓉笔下的那枝莲，心事盛开。

　　我，是一朵盛开的夏莲，／多希望，／你能看见现在的我。／风霜还不曾来侵蚀，／秋雨还未滴落。／青涩的季节又已离我远去，／我已亭亭，／不忧，／亦不惧。／现在，／正是，／最美丽的时刻。／

藕花深处

常记溪亭日暮，沉醉不知归路。兴尽晚回舟，误入藕花深处。争渡，争渡，惊起一滩鸥鹭。

《如梦令》

打马而过的青葱岁月里，永远忘不了十六岁那年。

那是我们最有能力单纯、快乐、无邪的年代。

青春的美丽与珍贵，就在于它的无邪与无瑕，在于它的可遇而不可求，在于它的永不重回。

我常常记起那次溪亭日暮时分，误入藕花深处。相逢不如偶遇，生命中多少人，多少事，因了那份可遇不可求的偶然，镀上了异乎寻常的光辉，镌刻在时光深处，永不褪色，永远散发着诱惑的气息，让人一再沉醉。

是的，我常常记起。只是记起，在记忆中一次次回味，而不是刻意去重复一次"误入"。那种精心，会让"误入"的惊喜大打折扣。

那次误入，惊艳了时光，也惊艳了当时众多男性的目光。

读着这首词，我仿佛看见豆蔻梢头二月春。

一个少女，活泼明媚如一尾鱼，在溪亭中泛舟徜徉。青葱的光阴里充满了不期而遇的激动与欣喜。

那时，她在章丘明水的老家里，人生的华章尚未开启，只蓄积着一种内在的力。锦样的年华，铺满了玫瑰色，和煦、自由、无虑。一颗心总是不安分地雀跃着，不甘囿于闺阁绣楼，渴望在山水自然中舒展开来，有一点点野。

　　那天她应该很早就出门了吧？去溪亭泛舟。有人说此溪亭在济南大明湖畔，为济南七十二名泉之一。就算它是章丘明水一带一处普通的游憩之地，又何妨呢？对爱美、爱自然的人来说，哪怕是寻常所在，也是她心中别具一格的景。

　　因为玩得过于尽兴，过于沉醉，不知不觉中，已是暮色四合。她"沉醉"在"溪亭"的景色之中，全无回家的念头。日落时分的景色太迷人，目不转睛地看着夕阳一点点地下坠，看着它慢慢消散，想起了"为霞尚满天"的绮丽，想起了"半江瑟瑟半江红"的冷艳，天地有大美而无言，人在其中，泛起莫名的感动。

　　那么，什么也不做，什么也别想了，只是闭起双眼，让自己融于这溪亭的暮色当中，物我交融，我即暮色，暮色即我。直到夜幕把所有色彩都遮蔽起来的时候，她长长地吁了一口气。

　　该回家了。

　　觅渡，觅渡，渡何处？走得太远了，仓促间，竟一时忘了归路，想循着来路，溯流而上，已是不大可能了。只能向着家的方向，一路划过去。

　　划着划着，荷柄越来越高、荷叶越来越密、荷香越来越浓、船也越来越难行走。原来早已划离主河道，误入藕花深处。

　　景色中最丰富的元素，就是一点点无邪的阳光。黄昏时分的阳光又是最丰富、最抒情的。暮色中莲叶何田田、莲子清如水、鱼戏莲叶间，还有晚风吹送来的阵阵清荷香，让人醺然其中。她贪恋这眼前的风光，可惜，天色越来越暗了。

　　带着些许惆怅与不甘，还是赶紧掉转船头吧。偶遇是一种美，遗憾也是一种美。

　　划呀划，划呀划，看谁划得快，看谁先到家，——不期然间，一场有趣的划船比赛就在暮色中上演了！"争渡，争渡"，原来，来溪亭游赏的不只是清照一人，所划乘的也不只是一条小船。青葱岁月中青葱的心，就是这样，哪怕是在窘境中，也要找到属于自己的开心和乐趣。

　　争渡，争渡，惊起一滩鸥鹭。

争渡的小船，搅碎了满湖的波光，也惊扰了一滩鸥鹭。静静栖止于汀岸中的鸥鹭，在暮色中优雅地垂下了长长的脖颈，梳理着洁白的羽衣，酝酿着夜晚的好梦。却被这一群争渡的少女，扰得失了方寸，齐齐飞向暮色长空。

因沉醉贪恋，而忘了归路。

因忘了归路，而误入藕花深处。

因误入藕花深处，而惊起一滩鸥鹭。

一连串的不期而遇，一连串的惊喜，一连串的自由与无拘。

或歌或泣，或哭或笑，或任性，或沉醉，都是青春生命中最美的挥霍。一无所知的世界，一路走下去，才会充满惊喜。

我喜欢这首词中这种淡淡的惊喜，惊喜是一种饱满的情绪。泛舟溪亭，流连山水，相信这样的日子在清照亦是寻常的，可她独独"常记"的是这一次，念念不忘的是这一次。我相信，让她难以释怀的正是这种惊喜，这种不期而遇的饱满。就像青春的时光，就像少女的情怀，总是诗，充满了色彩与张力。

夕阳最后一缕余晖在暖暖挥手后坠入夜的深渊，暮色的晚风中传来隐隐的唤归声。我们都是自然的孩子，在它的怀抱中忘乎所以，忘了归去。

而她，偏偏又有一颗异常敏慧而善感的心。

她敏感地捕捉到了这一切，并将它形诸笔端，温柔了流年，惊艳了时光。

月亮舔着舌头，品尝着残留的夜的余味。露珠还带着冰凉的芬芳，远山还在沉睡，雾气依然枕着松木的肩膀。

自然充满魔力又神秘，喃喃低语，却质朴如斯，我们常常视而不见，因为我们的心早已麻木，没有惊喜。

情怀如诗的少女，质朴地记录了这场偶遇，这份惊喜，还有青春底子上毫无杂色的欢欣。一不小心，就成了千古。

这首词的写法，让人叹服。黄苏称李清照的另一首《如梦令》是"短幅中藏无数曲折"（《蓼园词选》），这一首更是。

你看，她先把时间压缩在了日落至夜幕降临这一段很短的时间里，然后就在这时间内驰骋起自己的笔力。按常理，日之将落，游赏止息，是得赶紧收拾

东西、乘船回家了。但她却不，她是"日暮"而不归，"沉醉"而忘归。此为第一层曲折，也是后来几次曲折的条件和背景。接下来，"兴尽"而路迷、而"误入"他处，是二层曲折；所"误入"的地方又并不是什么烂泥污淖，而是让人喜出望外的别有洞天的"藕花深处"，是三层曲折；由出离"藕花深处"而拨正船头，并发起了一场兴味十足的竞渡比赛，是四层曲折；人在兴奋中，却惊扰了岸边水鸟的好梦，是五层曲折；余韵中，词人和伙伴们先为水鸟的"惊起"而惊叫，后为原是一场虚惊而开心大笑，是六层曲折。三十三字中，竟有六层曲折，且六次曲折又统一在已说"兴尽"而兴却总也不尽的总体转折之中，且行且转，一折再折，折转相递，波澜叠生。

当李格非捧着女儿的这篇小词时，惊叹不已。

他掩去了女儿的名字，将此词呈给时下的辞章名家传看，大家都纷纷猜测，这到底是出自东坡之手，还是道教仙人吕洞宾之手呢？

一朵小荷，露出了尖尖的角。

海棠依旧

昨夜雨疏风骤，浓睡不消残酒。试问卷帘人，却道海棠依旧。知否？知否？应是绿肥红瘦。

《如梦令》

时光流逝，童年远去，我们渐渐长大。

在孩子眼里，那些无穷无尽的岁月，那曾经一度拥有的永恒，都随着时光流逝了。

岁月带走的还有许许多多的回忆，也销蚀了我们心底曾经拥有的那份童稚的纯真。

从什么时候开始，那些歌泣无端字字真的稚嫩，都找不见了？我们学会了掩饰，学会了躲藏，学会了伪装，学会了在心里装满了心思。

从什么时候开始，那些不带尘滓、明澈如水的欢乐与喜悦，笼上一层层迷离的水雾，莫名的轻愁时时击中心灵的水域，在某个花开的早晨，在某个落日的黄昏，在某个月明的中宵，我们会与它邂逅。

如果遇到了，不必讶异，也不必躲避，只轻轻说一声：你好，忧愁。

少女情怀总是诗，诗中有梦，也有愁。我们每个人不都是从这且梦且愁的起伏中，一路走过来的吗？

写这首词的时候，那个兴尽晚回舟的任性少女，已经开始领会什么叫忧愁。

那是一种隐隐的说不尽道不明的感觉，像在期待着什么，却又说不清期待

什么。像失去了什么，却又不愿意这种惆怅让人窥破。心被轻轻缠绕着，剪不断，理还乱。

哪个妙龄女子不善怀春？

阳春三月，草木丰美，少女的春心也随着潜滋暗长起来。

一株海棠，在将残未残的红阵中显得格外娇艳，令她爱赏不已。临水照花，赏花自赏，她分明把这株独盛的海棠看作了自己及自己的青春。

这一夜，风起了，雨来了。雨虽萧疏风却狂骤，不知那株海棠该怎样承受？虽是惜花情切，却乏回天之术。一个弱女子，不愿眼睁睁地目送着芳尘远去，只能借半盏清酒、一枕眠来消心中的忧。

如何安眠？一点心思缠杂着，人在辗转反侧中。风声雨声，声声敲打着她的心。也不知道，这一夜的风雨之下，那海棠会是怎样一番狼狈憔悴的情形呢？无法自拔的儿女情长中，一夜恍惚逝去。

熹微的晨光，透过珠帘。半梦半醒之间，她脑子里只有一个念头——窗外，那株海棠可曾安然？她很想知道，很想起身一探究竟。可她又犹豫了，一种恐惧攫住了她，让她呆卧在那里，再也不欲动半步。越想知道，越怕知道，她知道海棠是经不起风雨摧折的。

她不敢目睹，又幻想着也许会有奇迹发生——苍天垂怜，那株海棠竟没凋呢！于是，她在自己与海棠花之间设置了一道屏障——卷帘人。

她想自己听到的肯定会是一声惊叫或一声叹息，把自己的预想证实，然后沉到自己凄然的情绪中，去品尝那既伤且美的橄榄般的滋味。谁料，她一声深情的、郑重的、怯怯的"海棠如何"的问话之后，换来的却是卷帘女的淡淡的、随意的、若无其事的回答——"海棠依旧"！

侍女的生活是现实的，卷帘须经心，看花可漫意，忽听问讯，抬眼看那海棠，可不就是有红有绿、红绿一片，和昨天一样的吗？而李清照就大不同了。她是生活在诗意里，海棠哪里是在室外，分明就在她的心中，或者根本就是她自己！她的判断当然有她自己实际的生活经验在内，但更多的则是她的心理感受，——这看"应是绿肥红瘦"中的"应是"二字便知。一个现实，一个浪漫，一个大眼漫观，一个用心感受，那结果怎么能一样呢？

听到"海棠依旧"的回答后，她失望地埋怨道：怎么能一样呢？你再仔细瞧瞧，应该是"绿肥红瘦"才对呀！

答案其实早在她的心中，她只是借一个时机说出来罢了。——知否？知否？应是绿肥红瘦。

一场花开，美好了多少憧憬；一次花落，忧伤了几许情怀？

花开花落之间，心绪起起落落。一问一答之间，不解风情如斯。浓情厚意在清丽简短的辞章下不紧不慢地流淌出来。虽短幅，却藏尽无数曲折。此番心意，何人能解？卷帘人不解，春风春雨不解。也难怪她带着几分责怪与失落，迭声问道"知否？知否？应是绿肥红瘦。"

一场风雨过后，绿叶定是更加丰润，红花则是满地狼藉。女人如花花似梦，花之萎谢，是红颜易老，是青春易逝，是梦之易碎。

绿肥红瘦，一场绚烂的花事背后，谁又听得见她如花般蜷曲的心思，如梦般宛渺的轻愁？惜花需自爱，休只为花疼。如今她在海棠花下疼惜，侬今葬花人笑痴，他年葬侬知是谁？海棠花是有幸的，她就是它的解语花。而她是忧伤的，满腹的春愁春恨无人能共，无人能解。

生命，不可避免地走到了这样一个境地，却不能埋怨谁。

当那对雎鸠在西周的河洲上关关和鸣时，她听到了。窈窕淑女，君子好逑。读至此，她是否也曾面红心跳？

当那个少女采采卷耳却不盈顷筐时，她看到了。嗟我怀人，置彼周行。来来往往的行人，抛去讶异的目光，可她看懂了她眼中满满的忧伤。

死生契阔，与子成说。执子之手，与子偕老。我牵着你的手，牵着你到白头，人世间最美的情愫，最动听的誓言，简洁质朴却有一种铿锵的力激荡着她的心。

从《诗经》到楚骚，从乐府到唐诗，一路走来，阅尽无限风景。这颗早慧而敏感的心，也萌动了。

因为渴望，所以敏感。因为懂得，所以慈悲。

绿肥红瘦，应是绿肥红瘦。

只这一语，心事缤纷繁华，只待有情人来猜。

朱光潜先生曾讲过一个故事："有人向海边农夫称赞他的门前海景美，他很羞涩地指着屋后的菜园说：'海没什么，屋后的一园菜倒还不错。'"看海人和农夫之间观察事物的眼光如此不同，一个是审美，一个是实用。

> 今晚天上有半轮的下弦月，
> 我想携她的手，
> 往明月多处走——
> 一样是清光，我说，圆满或残缺。
>
> 园里有一树开剩的玉兰花；
> 她有的是爱花癖，
> 我爱看她的怜惜——
> 一样是芬芳，她说，满花与残花。

当徐志摩与林徽因携手花前月下时，一样的清光，他看到了圆满或残缺。一切取决于伊人对他狂热灵魂的回应，得之圆满，失之残缺。一样是芬芳，她说满花与残花，满与残，在她不是非此即彼，而是共生共存。人生这场花事，满与残原本都是必然，何必强求完满？

我理解清照的怨尤，我也理解卷帘人的无心。

王国维说："有诗人之境界，有常人之境界。诗人之境界，惟诗人能感之而能写之。"（《人间词话附录》）"绿肥红瘦"自是诗人之境界，庸常诗人尚且难感难入，何况一侍女哉！

一句"绿肥红瘦"，造语新警，超拔于流俗之上。而其富含的丰富意蕴，更是耐人咀嚼玩味。

它的看点还不止于此。

如"知否"的叠字之妙，如整首词的层次之妙。黄苏和陈廷焯独具慧眼，

称其层次，曰"短幅中藏无数曲折"（黄苏《蓼园词选》），曰"只数语中，层次曲折有味"（陈廷焯《云韶集》卷十）。

这株才露出尖尖角的小荷，再次惊艳了众人的目光。

倚门回首

从《如梦令》绿肥红瘦的春愁中抬起头来，撞见了《点绛唇》的灵动风情。

日子不徐不疾地流，有雨疏风狂，也有风光霁月。那一点点轻愁，一点点春情，萦绕在心中，挥之不去，但始终只是一个模糊的念想，还没有找到一个实实在在的对应物，将这分怀想，落在实处。

只有真正遇到了，你才能知道它多么美好。

一首《点绛唇》，一组明快流丽的动态镜头，一段纯真而丰饶的青涩时光。

它让我们感到无比亲切，又无比熟悉：那不正是你或我都曾经经历过的吗？在某年某月的某一天，某一个时候，那种欲说还休的矜持，那种微妙而狡黠的羞涩，就那样不期而遇，撞击着你的心扉。

这一天，日光和暖。

她独自在后花园里荡着秋千。

荡着秋千日子就飞起来了，心也随着飞到了云端。她喜欢这种飞扬的感觉，人在瞬间摆脱了束缚，恍惚中，闭上眼，忘记了时间，忘记了空间，天地间只剩下自己。和煦的晨光在脸上撒着野，十分惬意。

秋千，是闺阁女子的伴侣，盛满了绵绵情思。

桃李依依春暗度，谁在秋千，笑里低低语？一片芳心千万绪，人间没个安排处。

楼头画角风吹醒，入夜重门静，那堪更被明月，隔墙送过秋千影。

秋千与芳心，一起在风中飞扬。

"蹴罢秋千，起来慵整纤纤手。露浓花瘦，薄汗轻衣透。"这分明是在写一种静态，一种少女的慵倦和婉约。远远望去，宁静如一幅山水写意，素雅如一隅独自开放的茉莉花，有一种静如处子的慵懒的美。

刚打罢秋千，有点倦，坐在那里，甚至懒得揉揉自己有点发麻的纤纤手。

清晨的后花园里，露很浓，舔着园中枝枝叶叶。花很瘦，等待着阳光的抚慰，然后隆重盛放。此时的她，早已是薄汗湿透了轻罗衣。

转瞬间，这种静美的画面被打破了。"见客人来，袜刬金钗溜。和羞走。"

撞见那个人时——似露珠在花叶上，轻轻颤抖的喜悦卑微。这样的轻佻，我们，无人幸免。

她花容不整，慌不择路，和着羞要逃走。

有人说，来人可能是一个熟人或是一位长者，不一定是个少年。果真这样，她绝不至于羞成这样，那样太小家子气，哪里还有一个大家闺秀的样儿？

何况，后花园不是什么人都可以在大清早随便闯入的，那是一块私密之地。

这来人，是一个风神俊朗的少年郎。虽是初见，却早已耳闻。是她想见而终于在没有准备的情形下见到的那个人。他来得如此之巧，正是自己汗湿轻罗衣、仅着薄袜、金钗斜坠、花容不整之际。

谁不想在自己初见的意中人面前，以一个完美的形象出现？未见想见，真的撞见了，却又不是时候，不成样子，只有和羞，只有躲避。女孩子家的一点小心思，就在这一羞一走中展露无遗了。

只是，她又在门口停住了，倚门偷觑，眼波流动。"倚门回首，却把青梅嗅"，都已经跑到门口了，却不舍离去，忍不住停了下来，倚门回首。微妙的

心理，却要借一枝梅子去掩饰，女儿家的心思比这青青梅子还要耐人寻味。

在远远的地方，一个回眸。就像，就像是替自己罩上一个假面，却又小心翼翼地狡黠地用手指点着。独有的情怀初开的少女风情，酸酸甜甜，耐人寻味，像一枚青梅果子。

微妙的甜蜜与清纯。

初爱，有如花冠上的露珠，只会逗留在清纯的灵魂里。

而你的笑，如此沁人肺腑，虽是匆匆对视。这笑里有清香，一点都不奇怪，我那么想着，最后将这枝青梅轻轻地嗅。

这首词脱胎于韩偓《香奁集》中的《偶见》："见客人来和笑走，手搓梅子映中门。"这一"笑"一"羞"，一"搓"一"嗅"，境界相差，岂止泾渭？"笑"的放荡与"羞"的矜持，"搓"的忸怩不安与"嗅"的自然轻灵，雅俗之别，不可同日而语。

它流露着一种东方式的含蓄之美。内敛而优美，平静而强烈，从内到外散发出一种优雅从容。就像徐志摩那句："最是那一低头的温柔，像一朵水莲花不胜凉风的娇羞。"

一抹淡淡的轻颦，一个不经意的回眸，所有的意韵都在只可意会不可言传之中，这就是古典东方美的神韵。林语堂先生说："中装与西装在哲学上的不同之点就是，后者在显出人体的线形，而前者在意遮隐之。"尽管后来的评者对这首词评议种种，甚至说这是娼妇所作，我从中，只看到了一种古典的含蓄，一种自然的清纯。

正如这首的词牌名——《点绛唇》，无需浓墨重彩，无需大肆渲染，只红唇一点，便满纸风情！

倚门的沉静下是暗涌的激流。

这是少女时期的李清照与赵明诚的初见。

虽是初见，却仿佛前世早已经在哪里见过。不然，不会这么娇羞，不会这么在乎。在一个自己不在乎的人面前，人才会保持自然的状态，因为他进不了你的心，牵动不了你的敏感神经。女孩子可以呈现千百种姿态，唯娇羞，是给

心中的他的独特暗语。

它路过你的心上，你读懂了。这便是美好的缘分。

仿佛冥冥中自有安排，没有早一刻，也没有晚一刻，恰好就在那个时间。你的能量正好，他的磁场正好，你们之间产生了共振。缘分，就这样成了。

生命中的许多事，有时过了几分钟，心情就完全不同。有时错过几秒钟，就错过了一生。那个倚门回首嗅青梅的早晨，不早不晚，正好遇见，好过刻意精心的安排。这绸缪的初见，开启了此后的华美情缘。

虽是少女，已颇负词名。作为太学生的赵明诚，定是心仪已久。只是没有料到，以怎样的一个开始。

却是在这样的偶然中，瞥见了她的慌乱，她的害羞，她的倚门回首。

这世上原本没有那么多偶遇，大多数的偶遇之前会伴随着漫长的伏笔。当你在心中盛赞它的无可取代时，回首看看，却又是那样自然而然地存在，好像拼图上细微得近乎忽略的一块，终究存在了才是完整。

这便是宿命。

他与她的缘分，是一种宿命。

蘋花汀草

湖上风来波浩渺，秋已暮、红稀香少。水光山色与人亲，说不尽、无穷好。莲子已成荷叶老，清露洗、蘋花汀草。眠沙鸥鹭不回头，似也恨、人归早。（《怨王孙》）

无论自然怎样变迁，我始终是它初生的孩子。

用一颗纯澈的心，拥抱着自然里的春花春草，秋风秋月。童年渐行渐远，青春呼啸而来，我知道，会有很多物是人非的变迁，人在流年中辗转，唯自然恒定。沉浸在自然怀抱中，人会微醺。一个热爱自然的人，永远会从大自然中获得恩赐与力量，会听得懂自然对她的窃窃私语。

多么幸福。这么多的好，这么多不可言传的美妙，它只说给我听，说给有心的人听。

不知道写这首词时的李清照，是在明水镇的那个老家呢，还是已经来到了东京。无论身在何处，误入藕花深处的旧梦难以捡拾，年少时的任性落在了旧光阴里。自然界，以它的新貌，呼唤着旧日的有情人。

夏花的绚烂，秋叶的静美，都是造化的恩赐。

我喜欢。

在清秋里，我要领略秋之静美。

清风徐来，浩渺的涟漪层层漾开，直至水天相接的边际。清旷、阔远，一如此时观者的胸怀。秋色连波，水波的尽头，铺洒着浓浓的秋意。红已稀，取而代之的是黄，深黄杂浅黄，丰富的单调，让人的心思也跟着变得简单澄明。

香已少，风中依稀飘着桂子的香气，倒也与眼前这番清景十分相宜。

这清旷的湖，这浓酣的秋。水光山色用它们的盛情，亲近着每一个沉浸在其中的人。用它们的慷慨，变幻着光与影，款待着她。

叫人说什么好呢？

水光山色与人亲，说不尽，无穷好。

纵是千言万语，纵是满溢着感动，面对着造化的慷慨与神奇，也一时无语。说什么都无法穷尽，人在自然面前唯有缄默。说什么都显得多余，懂得欣赏，并在欣赏时带着感恩，便足够了。

日月山川行不言之教，人在清秋里，静。如此甚好。

你的喜悦，水光知道，山色知道，长空知道，大地知道。

一切，她看在眼里，氤氲在心里。

秋意泛滥。莲子已成，荷叶已老，清露如洗，浸润着蘋花汀草。一切有情，在秋日的长空下，静待着有情之人来检阅。

只是行人早早离去了。如果你没有一颗包容的心，你不会领略四季不同的美。如果你无法享受生命中深沉的静，你只是热闹红尘中的俗人一个。太多的人，不能体会这种美。看着枯萎的荷，没有了往日的颜色，看着蘋花汀草，在清露秋霜中瑟缩着，会觉得索然寡味。心中没有美，眼里便看不见美，如是，一声叹息，打道回府。

眠沙鸥鹭头也不回，你既然无法领会其中的好，那么，走吧，不送。

它们懂。她懂。

一层一层的景，在她的眼里，无不带着异样的光辉。

能欣赏淡泊，才能守得住丰饶。

耐得住寂寞，才能享得了长远。

不知道，在这个小女子的心里，怎么会盛放着常人在这个年龄段无法体会的清简与淡泊。也许是环境的熏染，也许是骨子里的天性，让人惊讶。

此时的她，并不知道，这份独赏秋光的清旷，会让她在日后漫长的流年与世事的拨弄里，保持着一份不死的热情，将生命在乱世的尘埃里打磨得熠熠生

光。尽管，有苦，有心酸，有泪，有无奈，她就这么坚持着，一路走了下来。

她的不同流俗之处，一点一点显现出来。

面对着秋光，古往今来的诗人更多的是忧悒，是悲凉。

春是用来伤的，而秋是用来悲的。伤春悲秋，是自古以来的传统。宋玉在《九辩》中说"悲哉秋之为气也！萧瑟兮草木摇落而变衰"，奠定了千古悲秋的基调。而她的这首词，一扫秋之阴霾，从秋之伤情中振拔出来，安静中，充满不慌不忙的坚强与清妍。如此卓尔不群。

没有无计排遣的离愁别绪，没有感时伤世的悲苦哀吟。它只是一个少女的青春旋律。有由衷的欣喜，有淡泊的安宁。笔致清新，含情吐媚。

十六岁那年的初春，她离开生活了十几年的明水镇，到了汴京。与父亲、继母王氏及王氏所生的弟弟生活在一起。

一切都是全新的开始，一切都充满不可知的偶然。她需要时间与空间，去适应这种陌生。也许，这首词是她在汴京所作，她想念明水的老家了，那时的她，最爱泛舟溪亭。

也许，作这首词时，她还是在明水。自然带给她的欣喜，一尘不染，清清爽爽，没有半点修饰。那里充满了家乡的味道，让人闻着它，便得到熨帖安适。

她只是忠实地表达出自己的感受。

没有技巧，没有机心。

她不知道，她的这份无心，同样在成就她。她的词，终将惊动整个汴京。

重帘未卷

时光疾走，我们再也回不去。

回不去以梦为马、无忧无虑的纯真年代。争渡的橹声依然在耳边回响，纵是不甘心，也只能在回忆里张望。

人大了，心事也跟着见长。对月伤心，见花落泪，不要问我为什么，有时候，就连自己也说不清。就这样被忧愁击中了，莫名伤感，莫名惆怅。像是为了某个人、某件事、某种情，却又无法具体是哪个人、哪件事，哪种情。最后，只是沉陷在忧伤的情绪里，忘了来路，忘了归路。

这种情绪，这种心境，恐怕我们都曾经历过。

写这首词时，李清照在汴京。

此时的她，初见了赵明诚，还是没见？见与不见，其实并不重要。反正，忧愁就在那里，轻轻的，淡淡的，微微挑逗着一个年轻女子的内心。婉曲，蕴藉。

她身上的那点野朴的任性，在光阴的催逼下不得不收敛了起来。也许，她可以在内心里任性千百次，在行为上却不得不遵循着一个大家闺秀的风范与礼仪。父亲的爱纵与娇宠，让她在精神上明亮极了，但她只是一个闺阁女子。

这首《浣溪沙》，我看到了一个幽闭在闺中的女子的轻愁。

她可以溪亭泛舟，但在日暮时分，要准时回家。如男子般秉烛夜游，闻所闻而来、见所见而去，一切尽兴，是一种奢侈。

更多的时候，她只能坐在后花园中打打秋千，放飞一下自己。

更多的时候，她只能倚在闺阁的绣楼之上，看晨昏交替，看春来春去。百无聊赖之下，能寄托心思的，只有一把瑶琴。

青春与禁锢，本来就水火不容。

被禁锢的青春，天生带着一种令人伤感的美。

小院，闲窗。闭锁的院子里，唯一能打破禁锢、连接外界的，就只是一扇闲窗。

春已深。像一幕布景，一切都在春深的前提下展开来。春深，意味着什么？意味着绿肥红瘦，意味着美人迟暮，意味着如花般的美好，都在风雨和光阴中匆匆逝去，人只能眼睁睁地看着这一切，想伸出援助的手，却发现这个姿势太苍凉。因为，自己也是被光阴雕塑的那一个。

我知道，窗外会有怎样的景象。

不愿面对，不想面对，重帘未卷影沉沉。帘未卷起，人窝在室内，影子和心事一样沉，要如何消解呢？

这忧啊，这伤啊，轻轻爬搔着，让人无所适从，无能为力，心中有种灼烧般的感觉，说也说不出。能说出来的，又怎能叫忧伤呢？

不能说，又不能放。它们不能变成语言，也无法变成语言，一变成语言就不是它们了。一个闺中的女子，能做些什么呢？小写意的长歌以啸，大写意的修齐治平，只恨自己是个女儿身。

只能，倚楼无语理瑶琴。倚楼，无语，理瑶琴，这是一连串的动作转换。寻寻觅觅之后，只能是将心事付瑶琴。管它知音少不少，管它弦断有谁听，只是借着一把瑶琴，将一腔莫名的忧伤弹拨出去。

我可以锁住自己，却锁不住爱和忧伤。

为什么，在人的生命里，欢乐总是乍现就凋零，走得最急的都是最美的时光？

　　小院闲窗，重帘未卷，锁得住春光，却锁不住春心，锁不住淡淡的轻愁与哀伤。

　　上片，我们见到了她的忧伤状态。下片，她透露了忧伤的起因。只是这种透露，是含蓄蕴藉、不动声色的。

　　她说，你看远岫出山，催着薄暮。云无心而出岫，意味着鸟倦飞而知还，意味着天色已黄昏。黄昏，是个隐秘的暗号。它是忧伤，是惆怅，是一切应得其所归却不得归的世间有情的深深渴求与企望。那么，一颗飘荡着的心，又将归往何处呢？

　　她说，你看细风吹雨，轻阴漠漠。黄昏更兼细雨，这次第相续的疾景流年，到底想联起手来，做些什么？细风吹雨，湿了轻阴，湿了一个少女的心。造化里的漠漠轻阴，挥之不去。心里的轻阴，接踵而至，越来越重。

　　她说，你看梨花欲谢，难禁摧折。惜花爱花之心呼之欲出，人的自伤之情欲盖弥彰。一切忧愁似乎有了落脚，似乎又无法言说。

　　我不知道，清明时节，那么多花，她为何独要拈出梨花来，为它的欲谢而哀伤。

　　都说梨花如雪，洁白得无辜，淡雅得让人忘俗。

　　"寂寞空庭春欲晚，梨花满地不开门"，唐人的这首诗，她怕是读过的吧？

　　梨花的瓣子是月亮做的。

　　"梨花院落溶溶月，柳絮池塘淡淡风"，溶溶的白月，给梨花镀上了一层银白的光，分不清彼此，它的瓣子可不就是月亮的精魂？

　　它淡、雅、洁。在某种程度上，像极了冬天的梅花。

　　梅是李清照的至爱，她的咏物词绝大部分为梅而写，对它的偏爱到了痴迷的程度。如此想想，她拈出梨花来，也不是无缘无故的了。

　　女人如花花似梦。如果能做一枝花，就做春天的梨花，冬天的梅花。也只有如李清照般清雅的女子，才当得起这枝花。

　　清照，这个名字好极了。是父母所赐，还是她自己改定？像她，太像她，仿佛为她量身定制的一般。

　　临水照花，唯一种清美割舍不下。

风动梨花，淡烟软月中，翩翩坠落的，是佳人的一点幽心。

风来疏竹，风过而竹不留声；雁渡寒潭，雁去而潭不留影。

故君子事来而心始现，事去而心随空。

不是谁都做得了君子，那时的她，只不过是闺阁中的一个小女子。心现心空，半点不由人。何况，没有那么一个实实在在的"事"呢？

这首词中，我们找不到她到底所为何事。伤春悲逝，也只是其中的一点。悲伤的源头，无法索解。

莫名忧伤，莫名惆怅，莫名寂寞，莫名幸福。

太多的莫名，织就了青春这张网。人在其中，感受着就罢了。

玉炉沉水

你记得吗？初遇清澈如水，而你的睫影，那样馥郁。

日子如川上逝水，忧伤时时来袭，不分时间，不分地点，不期而遇。

忧伤，在淡荡春光寒食天里，在玉炉沉水袅袅的残烟里，在梦回之际、山枕旁遗落的那支花钿里。

又是寒食，又见清明。

春光尚没有关不住的浓烈，料峭，微冷，淡淡的。人也是无情无绪，慵懒地倚在绣床上。不知在想些什么，也许什么也没有想，莫名惆怅，无主无神。这样过了多久？不知道。沉沉中，不觉睡去。

醒来时，花钿凌乱躺在山枕旁，玉炉里，沉水香已燃烧殆尽，残烟袅袅，不绝如缕。丝丝缕缕缠绕着她不宁而忧伤的心绪。刚才的那个梦，已经太模糊，想竭力记起什么，却怎么也想不起，想捕捉什么，空空的。一种难言的感觉，压在心头，越来越沉。

奈何天。

不能再这样把自己关在屋里，思绪在跑马。这样想着，她下意识地走到窗前，眺望着户外，想纾解一下自己的心绪。

忧伤并没有停息，从户内转移到了户外。

今年的春天，来得晚了些。海燕还没见飞回来，邻家的女孩，早按捺不住，忙着呼朋引伴，玩斗草游戏。她们热闹着她们的，她只是远远站在一旁，静静地看着。也想着加入，只是这个春天，怎是没情绪。还是罢了吧。

这样看着，也好。心里感觉忽然轻松了些。

江水边，梅花早已凋零，绿的肥红的稀。两岸的柳早已抽芽，柳絮在空中纷飞。不知道要落在哪个角落里，哪里才是它们的归宿呢？叹今生，谁取谁收？如此一想，本来有些轻的心忽地又变得沉重起来了。

不知不觉，已经到了黄昏。一天的时间，就在莫名的忧伤和惆怅中去了。

天下了丝丝细雨，在黄昏时分，打湿了后花园里她常常光顾的秋千。

黄昏疏雨湿秋千，唯一的乐趣也被这雨剥夺了。

其实，她知道，没有这场雨湿秋千，自己恐也难有兴致。

以我观物，物皆著我之色彩。戴着淡淡的忧伤的有色眼镜，她眼中见到的一切，莫不笼上了一层淡淡的伤，莫不成为自己情绪的投射。一切向外的寻求，最终都指向了她的内心。

淡淡的春光里，淡淡的忧伤。

一个心事重重的女子，再已不复往日的单纯。心有所期，心有所盼，却又无力言说，无法言说。只一个人沉浸在自己的情绪里。人，有时还是不要长大的好。

女子终究是女子，时间久了，感情便会在心里从萌芽至泛滥。

> 我说过，我会想你。
> 我会像一颗露珠对一棵青草那样
> 想你。从叶片至叶梢，从
> 每个绿色的细胞里，葳蕤地
> 想你。

想你，重帘未卷，倚栏无语。想你，玉炉沉水袅残烟，梦回山枕隐花钿。

从她早期的词中，我们大致可以看见古代一个女子的生活面貌。可以溪亭泛舟，可以打打秋千，无情无绪时，理一理瑶琴。或者吟诗看书，想念一个人。

外面的世界再怎样大，怎样精彩，属于她们的舞台只有这么大。

想想也是够单调的。

幸好还有各种时令节俗。寒食、端午、中秋、重阳、元宵，种种节日，种种习俗，让人们打破生活惯常的轨道，在庸常之中，寻找到一种惊喜与激情。

在《诗经》中，我们看到了先民在桑间濮上、溱洧之滨的野朴与热烈，它们来自民间，散发着浓浓的泥土气息。

兰亭修禊，登高赏月，对酒当歌，这是士大夫的节日。

属于女子的节日，恐怕只有诸如春来斗草、七夕乞巧之类的了。还有元宵观灯，或在灯火阑珊处，邂逅一段爱情。或在月上柳梢之际，人约黄昏之后。

斗草，是一种极有意思的民间游戏。

汉以前不见斗草之戏。据说始于汉武。梁朝人宗懔在《荆楚岁时记》中云："五月五日，四民并踏百草，又有斗草之戏。"南北朝时称"踏百草"，唐代称"斗草"或"斗百草"，至宋代，甚至扩展到平时都可以斗了。

据说斗草有"文斗"和"武斗"。我们无法得知"武斗"的具体情形，想必是在小孩子中盛行的吧。而"文斗"是最适于女子的。

所谓"文斗"，就是对花草名，女孩们采来百草，以对仗的形式互报草名，谁采的草种多，对仗的水平高，坚持到最后，谁便赢。看来这是一个好玩又有品位的游戏，以李清照的颖慧与超拔，在女子当中，怕是独占鳌头的吧？

《红楼梦》中第六十二回，有一段关于"文斗"的极好记载。

> 宝玉生日那天，众姐妹们忙忙碌碌安席饮酒做诗。各屋的丫头也随主子取乐，薛蟠的妾香菱和几个丫头各采了些花草，斗草取乐。这个说，我有观音柳，那个说我有罗汉松。突然豆官说，我有姐妹花，这下把大家难住了，香菱说，我有夫妻穗。豆官见香菱答上了不服气地说："从来没有

什么夫妻穗!"香菱争辩道:"一枝一个花叫'兰',一枝几个花叫'穗'。上下结花为'兄弟穗',并头结花叫'夫妻穗',我这个是并头结花,怎么不叫'夫妻穗'呢?"豆官一时被问住,便笑着说:"依你说,一大一小叫:'老子儿子穗',若两朵花背着开可叫'仇人穗'了。薛蟠刚外出半年,你心里想他,把花儿草儿拉扯成夫妻穗了,真不害臊!"说得香菱满面通红,笑着跑过来拧豆官的嘴,于是两个人扭滚在地上。众丫鬟嬉戏打闹,非常开心。

小小的游戏,竟藏着如此机趣,女孩子的心思,怕是比斗草还要复杂得多吧?

她的心事,至此已昭然若揭。

Chapter 02

初 嫁

在最好的年华，遇见最好的人，而那个人也正好深爱着你，这就是最大的幸运。这种幸运，要上辈子积多少功德才能在今生偶遇。

李清照是幸运的。

初遇的欣喜莫名，等待的黯然销魂，都一一过去了。她终于迎来生命中最重要的时刻，走进赵家的门，成为赵明诚的女人。

人都是为了寻找另一半在世间行走。幸运的人，很快就找到了。不幸的人，却要寻找一生。她的另一半，在她18岁时——褪去了青涩，半开的最美时刻——找到了。

新婚幸福的华章，已然奏响。

他们门当户对。

那时，她的父亲是礼部员外郎，虽属旧党，却是次要人物。他的父亲是吏部员外郎，虽是新党，却非核心。同朝为官，同乡之谊。一双小儿女，郎有情妾有意，他们都乐见其成。

真正的门当户对，不只是门第相当。更是一种文化积淀、人生观念、行为模式的相似。这一点，李清照与赵明诚恰好合拍。

一样淡泊名利，一样才华逼人，一样爱好金石古玩。

夫妇而擅朋友之胜，比起传奇中的才子佳人空无依附的精致和脆弱，他们有扎根于现实土壤的笃定和坚固。高山流水的趣，阳春白雪的雅，从烟火人间的土壤中升华出来，永远也不会凌空蹈虚。

幸运是遇到一个爱你的人，幸福是你懂得好好爱惜这个人。

初嫁时的她，是幸福的。

她的幸福，在"自是花中第一流"的自信里，在"徒要教郎比并看"的娇嗔里，在"一面风情深有韵"的韵致里，在"香脸半开娇旖旎"的妩媚里。

她的幸福，是和他在一起时，她的样子。是被他唤醒的藏于她灵魂中那个最真的部分。

她的幸福，是和他携手走进大相国寺，偶遇一分惊喜。在落日的余晖下，捧着如获至宝的文物，一起走向那个叫家的地方。在温暖的烛光下，相对展玩考辨，不知东方之既白。自谓葛天氏之民，乐在其中，乐此不疲。

"镜不幸而遇嫫母，砚不幸而遇俗子，剑不幸而遇庸将，皆无可奈何之事。"这些古物是何其有幸，遇到懂它知它惜它爱它的一对夫妇。她何其有幸，遇到一个惜她爱她知她的良人。

歌德说，凡是让人幸福的东西，往往又会成为他不幸的源泉。

初婚的绸缪浓情只有短短一年，命运抛给她一个两难的选择题。她太年轻，还不知道怎么周全选择，只凭着心中的血脉本能，做着权衡。

因为门当户对，新旧党争中，谁也脱不了干系。一方是旧党的父亲，一方是新党的公公，夹杂在二者之间，进退维谷。

因为鹣鲽情深，她不能求助于他，那样只会让他在父亲与妻子之间左右为难。她更不能责怪于他，因为一方是他的父亲。

在政治与人伦的考量中，爱成了枷锁。不爱，才不会有负累。

一切来得太突然，她还没有准备好。

她挣扎过，努力过，徘徊过。当一切都无法阻挡父亲遣返的结局时，她像一只受了伤的雀，往返于京乡两地、父夫之间。

所以如果有不幸你要自己承担，安慰有时候捉襟见肘，自己不坚强也要变得坚强，还没有衣不蔽体食不果腹举目无亲，我们没有资格难过，我们还能把快乐写得源远流长。

成长必然充斥了生命的创痛，我们还可以肩并肩寻找幸福就已足够。

他帮不了她，在心理上却是她的支柱。他无法认同父亲的做法，只能在她痛苦的时候给她温暖的怀抱。他一直都在，像一个港湾，默默给她安宁与停泊。

在这样艰难的日子里，她没有失去一切。他与她，还在坚守着共同的喜好。那是他们暂时忘却世间营营，寻得精神极乐的净地。风霜刀剑，难改其诚。

后二年，出仕宦，便有饭蔬衣练，穷遐方绝域，尽天下古文奇字之志。日就月将，渐益堆积。丞相居政府，亲旧或在馆阁，多有亡诗、逸史、鲁壁、汲冢所未见之书，遂力传写，浸觉有味，不能自已。后或见古今名人书画，一代奇器，亦复脱衣市易。尝记崇宁间，有人持徐熙牡丹图，求钱二十万。当时虽贵家子弟，求二十万钱，岂易得耶。留信宿，计无所出而还之。夫妇相向惋怅者数日。

所有的故事，都有个结局。幸运的是，每个结局都会变成一个新的开始。

风波起，她的人生在曲折中丰富，她的词章在辗转中，越来越灌注了生命的色彩和底蕴。

只香留

暗淡轻黄体性柔，情疏迹远只香留。何须浅碧轻红色，自是花中第一流。

梅定妒，菊应羞，画阑开处冠中秋。骚人可煞无情思，何事当年不见收。（《鹧鸪天》）

一个女子，词写得再好，见识再高，也无权选择个人未来的生活。

她要遵循"父母之命，媒妁之言"，婚姻对她们来说，更像一场孤注一掷的豪赌。有幸，就能赌得未来的幸福。不幸，便听天由命，做一个逆来顺受、无欲无求的女子。这是那个时代无数女子的宿命，而无数个女子也正是这样无声无息、无怨无悔地活着的。

她很无奈，却不甘心。

一遍遍诉说着自己的志趣和心性，字里行间流露出一种自信，一种饱满的精神之美。

她知道，会有一双慧眼，能识得珍珠。虽然忧伤，甚至还带着些许的不安和恐慌，她要做的，是静静地等待，静静地开放。

你若盛开，清风自来。

她最喜欢梅花，词中的咏梅篇章也最多。梅之品性会在日后她历经家国沧桑、人世变迁中一点点显露出来。她也喜欢桂花，咏桂花之作虽然只有两篇，却是她早期的精神宣言。

她说，我"何须浅碧轻红色"，自是花中第一流。

自信却不张扬，安静中有坚强。

她眼中的桂，没有浓丽娇媚的色彩，只是"暗淡轻黄"，性子柔和淡雅。这枝桂，生于高山而独秀，无杂树而自成林，情怀疏远，远迹深山，只有骨子中散发出的香，长留在人间。

淡雅恬静，不言不语，有种内在的饱满与张力，让"浅碧轻红"之流，相形见绌。而它，自然而然就成了花中第一流。

张牙舞爪的人，往往是脆弱的。因为真正强大的人，是自信的，自信就会温和，温和就会坚定。

她不喧嚣，不恣意，静默清淡中自有一种美。

写这首词时，她应该从小女子的莫名愁思中抽离，在坚定地等待属于她的缘分。

这枝桂，梅花见了一定会妒忌，菊花见了一定会羞怯。画阑内外，只有它的踪迹，独步中秋。

这样的桂，却偏偏没入屈子的法眼。他笔下的芳草、奇花比比皆是，却怎么也找不见桂花的踪影，也试没有情思了吧？屈子笔下的芳草、辟芷、杜衡、江离、留夷、秋兰、申椒，像是来自瑰异的神话世界，像明媚鲜艳的美人，楚文化的奇幻瑰丽寄寓在南国香草之中，桂之清疏迹远，像君子，承载不起他神游天外的瑰丽奇幻。清照的怨怼，有些无理了。

不从流俗的质疑，独超众类的清奇，基于她内在的自信与自足，这一点，在她十六七岁时便已经流露出来了。

这样的女子，该有什么样的人来配，该有怎么一分正中的情缘呢？

上天待她不薄。

前世五百次的回眸，才换得今生一次擦肩而过。

《点绛唇》中的一次擦肩而过，在她的心中深埋下情愫的种子。那次宿命般的匆匆一瞥，她已经等了好久好久。等待，是令人日渐消瘦的心事，是举箸前莫名的伤悲，是记忆里一场不散的筵席，是不能饮，也要拼却的一醉。

她在等待，他在回应。一切只等一个水到渠成的过程。

他，就是赵明诚。

少负才名的奇女子，他肯定早已关注。因为他们的父亲，同朝为官，又是同乡。虽不能见，神交已久。心心念念，以至于入梦。《琅嬛记》中记载了他的梦，他内心的恋慕：

> 赵明诚幼时，其父将为择妇。明诚昼寝，梦诵一书，觉来惟记三句云："言与司合，安上已脱，芝芙草拔"。以告其父，其父为解曰："汝待得能文词妇也。'言与司合'是'词'字，'安上已脱'是'女'字，'芝芙草拔'是'之夫'二字，非谓汝为'词女之夫'乎？"后李翁以女女之，即易安也，果有文章。

就算这则轶事是一厢情愿的杜撰又如何？他的心意，绝不是杜撰，更不是空穴来风。

当时的赵明诚，是一位风神俊朗的太学生，也是一位儒雅君子、饱学之士。身上并无半点纨绔子弟的浮浪之气，他的喜好与清照有着惊人的相似。平素雅好经史，更兼书画。尤其擅长金石鉴赏，对于书帖、字画、彝鼎、碑刻等等钟爱有加，每每刻意搜求，九岁随父在徐州时，就从当地收集了两通古代碑刻。十七八岁时，因金石收藏而享誉时下士大夫阶层。

佳人才子，三生有幸，命中注定。

杜丽娘游了园，梦中会见柳梦梅；贾宝玉初见林黛玉，就笑称"这个妹妹我曾见过的"。命运要给你某种东西时，都会在暗中按门铃提示你。

情愫暗生，又寂寞，又美好。

姻缘天定，他们都没有越雷池一步。

他们都在等，等着合理合情合规的水到渠成。

永远不要轻言等待，等待是多么奢侈的东西。电影里，只需镜头切换，字幕上出现几行小字——二十年以后。然后红颜白发，一切都有了结局，而现实的人生，三年五载，其中哪一秒不需要生生地捱。

深有韵

绣面芙蓉一笑开，斜飞宝鸭衬香腮。眼波才动被人猜。一面风情深有韵，半笺娇恨寄幽怀。月移花影约重来。（《浣溪沙》）

有人说，这首词不是李清照所作。

"半笺娇恨寄幽怀，月移花影约重来。"待字闺中的李清照，断然不会轻分罗带，暗结兰襟。我相信她没有此种举动，却无法否认，少女时代的她没有此种情怀。

原以为，只要有足够的耐心，就会忘记你的双眸，就能剪断丝丝缕缕的忧愁。谁曾想，到头来，山河依旧，爱也依旧，你的身影，刚在身后，又到前头。

我乐意把这首词想象成她待字闺中盼着郎骑竹马来将她迎娶的诉求。只是这种诉求，她借一首词和词中的女子说了出来。

谁不曾有过青春悸动，谁不曾有过欲说还休，谁不曾有过幽幽盛开的情怀只等有情人来猜？

想象中这位少女，有着芙蓉一样的秀美。她斜靠在"宝鸭"香炉边，凝神回想，太过忘我，丝丝甜蜜藏也藏不住，从眉梢眼角中溢了出来。她想掩饰，怕被人窥到自己的心思，却怎么也掩饰不住，终于那点甜蜜在芙蓉般的绣面上绽放开来。

她终于还是按捺不住了。

一面风情深有韵，你若不来，我怎敢盛开？便纵有千种风情，万般韵致，都是虚设，都是蹉跎，更与何人说呢？这样想来，她竟顾不得少女"眼波才动被人猜"的矜持了，唯以"半笺娇恨寄幽怀"。情书写的是爱而不得、爱而不见的娇恨。幽幽情怀，都化作一句"月移花影约重来"的邀约。

因为感同身受，因为深深懂得等待之苦，李清照剥去了少女的矜持，借了她一个胆，让她大胆地向情人发出邀约，月移花影时分，你要来。

有花堪折直须折，莫待无花空折枝。

古时的女子，属于她们的青春太短太短，短得让人无时无刻不处在害怕红颜蹉跎、美人迟暮的自伤与恐惧当中。是啊，她们的一生，仿佛都在用尽力气等待一场姻缘，那几乎是她们的全部，是她们的宿命。没有谁敢拖延，敢耽搁。世界，给她们提供的几乎是一条单向的路。

《诗经》中那个恨嫁的女子，站在梅树下，看着梅子一颗一颗往下坠，她的心，也一点一点往下坠，沉默如海，她等的人还没来。她的期待在等待中一点点放低，甚至要将自己贱价处理：

> 摽有梅，其实七分。求我庶士，迨其吉兮。
> 摽有梅，其实三分。求我庶士，迨其今兮。
> 摽有梅，顷筐塈之。求我庶士，迨其谓之。

起初还想着，若有中意之人，还是要挑个吉日，把她迎娶。看着梅子又落了几分，她说你还在犹豫什么呢，今天就来把我迎娶。看着树上之梅所剩无几，内心的惶恐压迫着她，几乎哀求着说不要再等了，你若有意，说一声我就会跟你走。

恐草木之零落，哀美人之迟暮。千百年来，这种恐惧与遗憾的声音，从没消歇，越来越响。

我懂得她的恐慌。

她可以借词托幽怀、约重来。却不可以借词，把等待的过程缩短，把今天抹去，昨天抹去，直奔明天，那个日子。一分一秒，如凌迟般。

所以，现实中的她，依旧会伤春，依旧在流苏半掩的帐帏中，望着帘钩上的灵犀，傻傻地问着，你冷么，你懂得我的冷么？

> 髻子伤春慵更梳，晚风庭院落梅初。淡云来往月疏疏。
> 玉鸭熏炉闲瑞脑，朱樱斗帐掩流苏。遗犀还解辟寒无？

这种冰冷，只有爱人的目光能消融。

屋外，梅残花落，晚风带着料峭的寒意，拂过庭院，拂过梅枝，甚为萧疏。疏疏淡月影里，淡云来来往往，一片静寂。这个夜，恐又是无眠了。

室内，人慵懒地望着镜中的自己。发丝凌乱，却没有梳的意绪。"自伯之东，首如飞蓬"，自己还曾取笑过《诗经》中的那个女子呢，只是在感情的世界里，这样的卑微，我们无人能逃脱。

玉鸭形的熏香炉中，瑞脑还没有点着，闲置在那里，打不起半点精神，燃烧自己。就像此刻的她，将自己抛在绣床之上，帐上的流苏半掩着，静静的室内，充满了寂寞的情绪。

望见了帘钩上的那只小兽，它可是通灵的。若真如此，你是否感觉得到我的冷？心里无欢，凉意自入。

越看越冷，若是它变成了他，此时此刻从身后悄悄靠近，伸出温柔的手，挽住自己零落的幽怨和需索，该是那么美。

这样望着，一声叹息。

寂寞足以让人手足无措，等待太过漫长，人要有足够的坚强，才能在凌乱的发丝中抬起头，给世界一抹明媚的笑。

我想我将为你忧伤，还将用金色的诗歌铸成你孤寂的形象，供养在我的心里。

这样的日子，还要多久？

春欲放

卖花担上，买得一枝春欲放。
泪染轻匀，犹带彤霞晓露痕。

怕郎猜道，奴面不如花面好。
云鬓斜簪，徒要教郎比并看。

（《减字木兰花》）

宋徽宗靖国建中元年（1101），李清照适赵明诚。

那一年，她18岁，他21岁。

酒阑人散之后，他挑起了她的红盖头。四目相对的那一刻，他一阵恍然，不知今夕何夕，不知梦矣真矣。她瞬间融化在他的目光里，内心温软得不可收拾，过去未来重门洞开，永生大概也只能是这个样子。

今夕何夕啊，见此良人。

沉醉在他眼光的柔波里，她像一尾鱼，怎么游，都在他的温柔水域里。感谢天，感谢地，给了自己这样好的一段情缘。在爱的世界里，她成了一个小女人。

被他宠，被他呵护，被他放纵。

所有的小性子，所有的坏脾气，所有的不可理喻，请别在意，那是在向你撒娇。我只是贪恋那种被哄的幸福感觉。

这首《减字木兰花》，记取了她新婚绸缪浓情的一个片断。

春天无声无息地来了。它在梅边，在柳梢，在卖花农的花担上。

清晨，卖花农担着担子，走街串巷，吆喝声唤醒了沉睡的春光。她喜欢

卖花担子，简单、随意，盛放着形形色色的春花，带着清晨的露珠，清纯如她的欢欣。还有，花农带给她期盼与欣喜，满满的生活的味道，轻甜的气息。

还记得小时候，当货郎挑着担子走进村口时，我们那帮孩子的欢欣雀跃。

一个对生活充满感恩的人，总是善于捕捉生活中点点滴滴的美。她买了一枝，花枝上露珠轻颤。她笑了，笑得很浅。这笑里有种沁人心脾的东西。

她想起了房中的那个他。

想着自己一点点坠落进他的温存里，深深沉溺。她的一笑一颦，一嗔一怒，一闪念一游移，她都愿意被他注视。

拈着这枝春花，她盈盈地向院里走去。这份欣喜，也要让他分享才好。

轻快的步子转瞬间变得有些犹疑。看着手中这枝花，娇艳欲滴，媚眼盈盈的，她心里生了怯。"怕郎猜道，奴面不如花面好。"他会不会觉得这枝倾城的芳姿，把我比了下去了呢？如花美眷。花美？人美？倒是一个十分有趣的问题。

如此想着，一丝狡黠泛起。她将这枝春花斜插在云鬓上，悄悄走进房里。他正背对着她，她轻轻地伸出双臂，环绕在他的腰间，满怀期待，娇嗔地问道："花美，还是人美？"

他识破了女儿家的这点小心思，笑而不语，看着她撒娇的样子，像宠着一个任性的孩子。

花美还是人美，并不重要。重要的是，要知情识趣，懂得这点点挑逗的美。日子，在这点小细节中温软馨香起来。这种体贴与心有灵犀，比任何答案都熨帖。若真要比出个高低，唐突了佳人，那才是煞风景。

偏偏就有那样的傻瓜。

这首词与晚唐那首《菩萨蛮》有某种相似之处：

牡丹含露真珠颗，美人折向庭前过。含笑问檀郎：花强妾貌强？

檀郎故相恼，须道花枝好。一向发娇嗔，碎挼花打人。

　　檀郎的傻，是装出来的，惹得佳人"碎挼花打人"，一副任性刁蛮的样子，倒也充满野朴之美。

　　小性子耍得情致飞扬。精明或果断并无益于爱情，痴傻的单纯与绝对的投入，反而能令爱情发光，照亮我们的生命。

　　李清照的这首词只写到了提问，便突然煞尾。后事如何，只有读者自己去想了。

　　花美，还是人美，我用一生回答你。

　　在爱的荣光里，我们都变得无比珍贵。想起罗伊·克里夫特的那首《爱》：

　　　　我爱你/不光因为你的样子/还因为/和你在一起时/我的样子

　　　　我爱你/不光因为你为我而做的事/还因为/为了你/我能做成的事

　　　　我爱你 /因为你能唤出/我最真的那部分

　　　　我爱你/因为你穿越我心灵的旷野/如同阳光穿透水晶般容易

　　　　我的傻气/我的弱点/在你的目光里几乎不存在

　　　　而我心里最美丽的地方/却被你的光芒照得通亮

　　　　别人都不曾费心走那么远/别人都觉得寻找太麻烦

　　　　所以没人发现过我的美丽/所以没人到过这里

　　我爱你，不光因为你的样子，还因为，和你在一起时，我的样子。

　　爱是一种雕塑，我喜欢在爱里，她那种没有棱角的本真样子。

　　李清照是幸运的。

　　不是每一个人在年少时都有这样一个深深爱过的人。因为他，一个人的日子再生动也变得分分难熬；因为他，一句小小的鼓励也让难熬的日子生动起来。因为被人宠爱，所以自觉无比矜贵；因为满是希望，所以走路的脚步充满力量；因为心内温柔，所以善待每一个人；因为爱他，所以更爱这个世

界。虽然最后这个人可能会有各种变故，虽然故事的最后不一定有童话般的结局。

但是那一刻，是我最骄傲、最美丽、最优雅的时候。那一段时光，是我一生中最珍贵、最美好的时光。

偏有意

雪里已知春信至，寒梅点缀琼枝腻。香脸半开娇旖旎，当庭际，玉人浴出新妆洗。

造化可能偏有意，故教明月玲珑地。共赏金尊沈绿蚁，莫辞醉，此花不与群花比。（《渔家傲》）

那该是怎样一段琴瑟和鸣的温柔时光啊。

沉醉在其中的人，唱了又唱。心中满溢着幸福，眼中所见也莫不是温暖色调。甚至，还暗藏着自得与自矜。

一味地举案齐眉、相敬如宾，尤其是在新婚情浓之际，这种爱有点庄重，有点冷。在真正爱着的人面前，人会放松戒备，会把自己完全交付出去。放下面具，放下束缚，将生命中本真的欢悦以最自在、最柔媚的姿势呈现出来。

一味端着架子，很累。偶尔酝酿的那点小情致，是生活的润滑剂，是情感的触媒。

爱让她将生命里的不可思议激发出来了。

这首《渔家傲》，写的是梅，也是她自己。

梅，孤傲、清逸、淡雅。最适合宋人崇尚淡泊自然的美学趣味。它是宋代士大夫阶层最钟爱的花，也是他们诗词中最受宠的常客。李清照为数不多的存词中，近四分之一的词，都是在咏梅。

她写梅，大抵没有脱出宋人的基本审美倾向。而这首《渔家傲》里的梅，在孤傲之外，带着媚态，这是她的情不自禁。沉溺在鹣鲽情深当中，她情不自禁地骄傲并幸福着。

那时的她，眼里满是美好，心里满是热情，梅的清瘦与孤冷早已被她的暖过滤并融化掉了。这首咏梅的词，不是写出来的，而是在她的爱意浸泡下，自然生长出来的。

皑皑的白雪遮不住隐约泛起的春意，雪中的那枝梅，早已将春光泄露。

"兔园标物序，惊时最是梅。衔霜当露发，映雪凝寒开。"梅，是最能惊醒人的时间意识的花，它总是独占春首，告诉人们，春天来了。

点点寒梅，点缀在琼枝上，看起来洁白如玉、晶莹剔透。腻，润滑。一个极富挑逗意味和女性色彩的字。缠缠绵绵的感觉，像她的心情。

这些梅是半开的，娇艳旖旎。花至半开，酒至微醺，才是最美的状态。香脸半开，是梅最饱满、也最美的时候。全开的花，只会让人想到迟暮的狼藉。一段情，也是如此。最初的绚烂终会走向最后的平淡。新婚中的她，如这半开的梅一样，正是绚烂的时候。

这样描摹它的美还不够，你看它：当庭际，玉人浴出新妆洗。美人出浴，是最富刺激性的瞬间。体香混合着种种自然界的香气，诱人、香艳。忒瑞西阿斯，据说因无意中窥见雅典娜出浴而被判失明。

一向以清、逸、雅定格的梅，在新婚的李清照眼里，竟如刚出浴的美人。我很诧异，也体味着她绸缪的欢欣。一个在爱中幸福着的女人。

她的贪恋和自喜，如此没有掩饰。

造化钟情于它，本来已经够美了，还派来明月为它增辉。月下之梅，更添几分神秘朦胧的韵致。月光，本来是自然界最丰富的色彩，它赋予万物以精魂，以神韵。

饮酒，赏花，哪怕是醉了也没有关系，月下之梅的美，本来有更让人陶醉的东西。有爱宠，有风韵，有正当好的年华与光景，这样的花，何花能比？

很难看见李清照的词中，如此集中地用这样多的缤纷意象和色泽。琼枝、香脸、旖旎、出浴已经足够挑逗了。偏偏还有金樽、绿蚁，金色的酒杯上，浮着绿色的碎酒沫子，富贵中透着妍丽。

有人说，这首词将梅置于雪和月的背景之下，分明是想说它的孤傲、清

雅。我固执地以为，雪和月的清雅、淡逸，已经隐去了，或者最多只是作为梅的反衬，反衬梅的娇艳与风韵。

一个沉浸在幸福中的小女子，坦坦荡荡地说着她的幸福，有什么不可以？

这一段初婚生活，应该是她生命中最丰美单纯的日子吧？若干年后，当她回忆起这段日子，更要心怀感激。幸好有了这份浓郁，成为日后支撑她艰难度日的不绝养分。否则，在那样的摧折下，她可能会过早萎谢。

琴瑟在御，岁月静好。《诗经》中描写的幸福生活范本，在她的生活里一一印证。

可以想象，他们的日子里还有多少"徒要教郎比并看"的小情小趣。但小情小趣，只是生活的调剂，总是这样，不但矫情，还会让人腻味。总得有更深厚的东西作底蕴，才能将寻常的日子过得有滋有味，细水长流。

有源头活水，才会历久弥香、弥新。

这点，他们有。

他们是生活中的佳偶，更是精神上的知音。找一个佳人不难，找一个知情识趣的佳人也不难，找一个能听懂你弦音里的高山流水之志的佳人，在那个"女子无才便是德"的年代，却是难。

她都有。

在《金石录·后序》中，她深情地回忆着这段岁月静好的初婚日子：

> 余建中辛巳，始归赵氏。时先君作礼部员外郎，丞相时作吏部侍郎。侯年二十一，在太学作学生。赵、李族寒，素贫俭。每朔望谒告出，质衣，取半千钱，步入相国寺，市碑文果实归，相对展玩咀嚼，自谓葛天氏之民也。

那时他尚是太学生，每月初一十五才能回家。每次回家，他们会一同去当铺典当衣物，换来千钱，径直奔向大相国寺，去购置他们钟爱的金石碑刻、书籍字画。

　　箪食瓢饮，回也不改其乐。清贫素俭，他们却自谓葛天氏之民，在自己的精神世界里，随遇而安，自得其乐。这份清简却极富雅趣的情怀，岂是人人都有的？

　　碑刻与字画，在别人眼中，或许是死物一堆，在他们眼里，却是活物。有生命，有悲喜，有漫长的历史和浩瀚的沉浮，有神秘的天数和人世的宿命，有生命中包藏着的一切体温和脉络。他们爱它，疼它，就像爱着一件珍宝或孩子一样。这样的痴，这样的傻，这样的纯，他们都有。

　　夫妇擅朋友之胜，这样幸运。

　　这是他们二人之间不可言说的愉悦与享受，也是维系他们绸缪浓情的不绝源泉。

　　现世安稳，岁月静好。如果这样与心爱的人相守着，一辈子，该多好！

　　可，一切偏偏成了奢望。

　　生活渐渐露出它狰狞的样子。

愁不倚

红酥肯放琼苞碎，探著南枝开遍未。不知酝藉几多香，但见包藏无限意。 道人憔悴春窗底，闷损阑干愁不倚。要来小酌便来休，未必明朝风不起。（《玉楼春》）

从来好物不牢坚，彩云易散琉璃碎。走得最快的，永远都是最好的时光。

初婚的甜蜜还没有尝够，生活已经酿就了苦酒，置于她的面前。新旧党争的战火，已经波及她的生活，躲无可躲。

一边是属于新党的公公，一边是属于旧党的父亲。也许，从她嫁进赵家的那一日，她早该料到会有这一天，会有这样的结果。只是，这一切来得太快了。

距离她的新婚，只有一年左右。

崇宁元年（1102），父亲李格非列为"元祐党籍"，被遣出京。次年九月，诏禁元祐党人子弟居京，李清照返明水老家。受党争株连，开始了往返京乡两地的生活。崇宁三年，李格非流放广西。

父亲一贬再贬，公公一升再升。

崇宁元年（1102），赵挺之除尚书右丞，旋即为尚书左丞。次年为中书侍郎，明诚亦"出仕宦"。崇宁三年，赵挺之为尚书右仆兼中书侍郎。明诚及二兄弟皆出仕为官。

她置身于两难的尴尬境地。

身为女儿，她不能漠视父亲，那是给了她爱和自由的父亲。

身为儿媳，她不能忤逆公公，那是她所爱之人的父亲。

神仙眷属般的好日子，在残酷的现实面前相形见绌。政治从来和亲情难以兼容，这才是生活。还没有来得及尝够生活的圆满，却要迎头面对它的残酷。

她曾上书公公救父，说"何况人间父子情"，识者哀之。看着父亲步步远去，自己无能为力，她讥刺公公"炙手可热心可寒"，却难以挽回什么。

亲情在政治前途的考量下，轻如鸿毛。

现实的冷酷，让年仅二十一岁的她，感到从未有过的寒意。

生活自有它的逻辑和规则，人在其中，就得遵从。她第一次感觉到命运无常，人之渺小，生命之卑微。

这一切，她都借着这首《玉楼春》抒发出来了。

沧桑与冷暖，未知与惊惶，无常与无奈，一切都隐在这枝梅花里。

她对梅情有独钟。

欢喜的时候，她赏梅，"买得一枝春欲放"。两情缱绻的时候，她醉于梅，"香脸半开娇旖旎"。愁苦的时候，她探梅，"未必明朝风不起"。

一枝梅，活脱脱成了她情感的晴雨表。

那花瓣仿若红色凝脂，刚挣破琼苞，缓缓绽放。花未全开，还在酝酿中。南边向阳，透露着光明，不知道有没有全部开放？开与没开，都让她心生淡淡的欢喜。

它们都浴在春光里，蕴藉着几多清香，包藏着无限情意。

到底是挣脱了冬的枷锁，显露出无限生机。虽然这个过程是艰难的。

这个春天对她来说太不容易。

种种不堪，让人憔悴消磨。

"道人憔悴春窗底，闷损阑干愁不倚。"带着闷煞的怨气，她独自立于春窗之下，形容憔悴。心里积了太多的愁，想倚在阑干之上，却怕它承受不起。如此心境，又怎么体味得了它蕴藉了几多春，包藏了多少意？

一顾一赏之间，她忽然明白了一些事情。

花不会常开，月不会常圆，这是定律。人之悲喜沉浮有如花之开谢生灭，

看似可以掌控，不经意间，起一阵风，来一阵雨，一切明媚鲜艳都会零落成泥。便是开花，南边向阳的花木会早逢春，北边背阳的花木，春也会来得迟些。而向阳与不向阳，从来都不由花自己决定。

如此想想，让人心惊。

"要来小酌便来休，未必明朝风不起。"要来饮酒就快点来吧，说不定明天就会起风，花是无法再赏了。

人在生活的漩涡里无能为力，能做的，就是抓住眼前看得见摸得着的，放开怀抱，活在此刻。在无常之手的拨弄下，谁也不知道，明天等待着我们的会是怎样的安排，怎样的结局。

新旧党争，起起落落，翻手为云覆手为雨，容不得你喘息。得不足喜，失不足悲，谁也不知道——明天，明天迎接我们的会是艳阳还是阴霾呢？

大概是在同一时期，她又写了一首《摊破浣溪沙》，咏的是桂花。

此刻的桂花，"风度精神如彦辅，大鲜明"。只是她再也没有往日的情怀，只觉它"熏透愁人千里梦，却无情"。

> 揉破黄金万点轻，剪成碧玉叶层层。风度精神如彦辅，大鲜明。
> 梅蕊重重何俗甚，丁香千结苦粗生。熏透愁人千里梦，却无情。

桂花如揉碎的万点金屑，黄得艳丽；桂叶如碧玉剪成，绿得纯粹。黄绿相衬，风度精神，有如西晋时气度不凡的彦辅，大鲜明。她是在为桂花唱赞歌吗？

铺垫还没有完。

她说，梅蕊重重，太过外露，显得俗。丁香千结，太过拥挤，显得粗。言下之意，唯桂花既雅且洁。可结句陡然一转，这桂花"熏透愁人千里梦"，香气馥郁，毫无节制，熏透了远在千里之外、奔波在京乡两地的人。香则香矣，盛则盛矣，和梅之俗丁香之粗比起来，它更显无情。

有人说，熏透愁人千里梦的是梅或丁香，不是桂花。也有人说，熏透愁人千里梦的是桂花，但她用的反语，反写桂花之香。我相信，此刻的桂花，在她

眼里就是无情的。

利益就是利益，亲情就是亲情，一个将二者分得如此鲜明的人，在名利场中游刃有余，在人伦上却倍显无情。

她在千里之外，为父亲的贬谪流放心疼不已。他却在京城中，步步得势，步步高升。

炙手可热又如何？心是冷的。

她骨子里是个北方女子，有着北方人的率与真。爱就是爱，恨就是恨，她写得出"炙手可热心可寒"的讥刺之诗，说他无情，也未尝不可能。

这桂花，分明像她得势的公公。

名利场中的规则，她实在参不透。

看到了它的无情，看到了它的荒谬，却怎么也无法挣脱。

Chapter 03

相　思

宋代是文官当政。

在这种政治格局中，士大夫阶层获得了空前的重视和自信。他们大都集官僚、文士、学者三位于一身，比起唐代的士人来，他们有更宏大广博的格局。

也有更复杂的纠葛。

置身于政治漩涡中的士大夫，或为了实现自己的宏大抱负，或为了实现自己的野心，或为了权位利益，或随波逐流、明哲保身，他们之间相互援引、相互倾轧，形成了一个个小团体。

这便是朋党。

欧阳修说，君子结党以道而小人结党以利，随着斗争的演变，朋党之间到底是为利还是为道，已然分不清。

王夫之说："朋党之兴，始于君子，而终不胜于小人，害及宗祀生民，不亡而不息。宋之有此也，盛于熙丰，交争于元祐、绍圣，而祸烈于徽宗之世。"

自仁宗时以范仲淹为首的"庆历新政"，到神宗时以王安石为首的"熙宁变法"，新旧两党之间的斗争从未间断，交互兴替。卷入其中的人，难以数计。

至徽宗崇宁元年，蔡京执政后，朋党之争，发展到了顶峰。

崇宁元年（1102），蔡京等人定"元祐党籍"，李格非被列为其中之一，属被遣出京对象。

崇宁二年，诏禁元祐党人子弟居京。这次党禁不仅罪及本人，还祸及子弟亲人。

崇宁三年，定元祐党人名单，共309人，李格非仍在列，同年流放广西。

崇宁五年正月，大赦天下，毁《元祐党人碑》，除党人之禁。

党争之中，士人面临着难以预料的人生巨变，超擢、恩赏、外放、下狱、贬窜等等，改变着他们的人生轨迹，也深深刺激着他们的内心世界。他们的内心交织着恪守道义、明哲保身、退隐林下、依媚取容种种选择。情感则在惊、喜、疑、惧、忧、愁、爱、恨、怨、苦、悲中起伏不定。

这种种情感，随着父亲的沉浮起伏，李清照也一一经历。

与他们不同的是，她只是一个弱女子，是一个新婚才一年之久的新嫁娘，在这场无妄之灾中，她还要承受个人的儿女意与相思情。

生而为女人，那个时代的她们，有着命定的人生格局。

广博和宏大是对她们的苛求，她们拘于自己的小天地里，将微观的情感世界经营。

一对有情人，分隔在两端。中间满满填着的，都是相思。

寒食来了。望草绿阶前，暮天雁断，没有远信传来。无可奈何之中，她怨不了别人，只能深深责怪自己：多情自是多沾惹，难拼舍。她知道多情的人，沾惹也多，便是无风也会起浪。可还是沉陷其中，难以拼舍。

七夕来了。她叹着人间和天上一样愁浓。叹息着牛郎织女纵浮槎来、浮槎去，不相逢。忧虑着"甚霎儿晴、霎儿雨，霎儿风"的莫测变幻阻隔了等待了365天的重逢。

重阳佳节，她懒懒的什么也不想做。黄昏时分，把酒东篱，在帘卷西风之际，她知道人比黄花还要瘦，禁不起西风的挫磨。

日日夜夜，年年月月，一种相思，两处闲愁。才下眉头，却上心头。

生而为女人，她多的就是儿女情。我们无权苛求此时此刻的她，要有英雄气。

只是她的儿女情，比起一般的女子来，要清简洁净些。

她有缠绵婉约，借的是自然界的春花秋月、闺房里的帘栊瑞脑还有绿蚁金樽，娓娓道来。浓情隐在景致或事件当中，终没有一泻千里，毫无节制。

她的悲和愁真实得一如呼吸，却不像一般女子那样哭哭啼啼。她在安静中软弱，也在安静中坚强。内心执着的相思，没有展览般的用眼泪赚取同情。

我很奇怪，她的词中那么多的愁恨与相思，却很少有眼泪。

女儿是水做的骨肉，哭是她们向外索求与自我安慰的武器。宋代男性词人笔下，哪个女子为情所困，不是哭哭啼啼，不是泪眼盈盈？他们错了，李清照从女性的立场，为自己立言，却没有一滴眼泪。

她有一种天然的贵气，更有一种安静的坚强。纵是痛入骨髓的相思，她也只是真实地诉说着。她不掩饰内心的软弱与渴望，不掩饰等待的悲苦与失落。因为对他的真情还在，她无需掩饰。因为他还在，她仍有希望。可她始终没有淹没在这片海中，失去自我。

自我，对那个时代的女子来说，是稀缺物。

正是这种女性意识，这点点隐约的自我，让她在男性世界里挺立出来，成为一道逼人的风景。

正是这种自我，让她知道了自己不只是一个附属物。

这山长水远的人世，终究是要自己走下去。不是你倦了，就会有温暖的窝；不是你渴了，就会有潺潺的水；不是你冷了，就会有红泥小火炉。每个人，在人生的逆旅中，可以结伴而行，灵魂却始终独舞。

这段变迁，阻隔，是她青葱生命中触到的第一道礁。她在其中挣扎过，忧伤过，也在这个过程中慢慢地蓄积了力量。

回到了汴京的家中，她已经不再是当初那个新嫁娘。

未来，等待她的，是她生命中的一段好时光。

五年的两地闲愁，终于换来了一段岁月静好。

月满西楼

红藕香残玉簟秋，轻解罗裳，独上兰舟。云中谁寄锦书来？雁字回时，月满西楼。 花自飘零水自流，一种相思，两处闲愁。此情无计可消除，才下眉头，却上心头。（《一剪梅》）

这首词不知作于何时，大致在崇宁元年（1102）至崇宁五年（1106）、李清照19岁至23岁之间。

随着父亲遣返、外放，她也被迫开始了往返京乡两地的生活。

那时的她，与赵明诚结婚仅一年多。

还没有尝够新婚的绸缪，却要面临分隔两地的挫磨，对正值青春的她来说，实在是一种考验。那是我一生中的黄金时代，我想爱，想梦，想在一瞬间变成天上半明半暗的云，想日子会一直这样在静好中走下去。可生活，却在这里拐了一个弯。

待字闺中的莫名忧愁与寂寞，此时此刻，变成了实实在在的痛楚和孤独。

生活总是让人遍体鳞伤，猝不及防。总有一天，你会发现，那些受过伤的地方会变成我们最强壮的地方，那些被沙粒入侵饱受痛苦的病蚌才能结出最华美璀璨的珍珠。

如果没有相思过，怎会将相思体味得如此透骨？千年之后，我们体味着这分相思，一边感动，一边泪流。

这首词没有说别的，是相思。

三十三天宫，离恨天最高；四百四十病，相思病最苦。

相思是一种无处安放又想着要安放，无处排遣又极力排遣的一个眼神，一段心绪，一种姿态，一颗灵魂。极安静又极躁动，极甜蜜又极苦涩，无处不在又难以捕捉。伸出双手，抓到的也只有空空。

相思是毒药，却又让身处其中的人渴望着啜饮。世界分为两端，你在一端，她在另一端，缓缓而长久地思念着，日子因此变得耐于回味。只有在路上，我们才能体味到自己在爱着。

秋凉了。

藕已经长成，荷却已凋零，红藕香残，丝丝点点提醒着秋的凉薄。

竹编的席子，因为睡得太久，磨出玉一样莹润的光泽。秋来了，意味着它要走。

季节在一来一去之间，悄然更替，人却停留在原地。说好的归去呢？看来又是一场空。唉，不能说，不想说。不如轻解罗裳，独上兰舟。

轻解罗裳，一个极富女性化色彩的字眼，细腻的感觉、女性的气息扑面而来。解罗裳为了上兰舟，轻装简从。该放的放下，该空的空，心事装得太满，恐怕兰舟也承载不起吧。

上了兰舟，看见了什么？云中谁寄锦书来，雁字回时，月满西楼。

她看见大雁排成一个个"人"字，匆匆向南飞去。雁北飞或是南飞，都有信有时，在离人心里，它们是传递书信最好的使者。可云中谁寄锦书来呢？依然没有他的只言片语。

大雁为什么偏偏排成一个"人"字？她心里有些埋怨。因为告别，因为相思，她觉得这个"人"无所不在，整个世界都隐喻着这个"人"的存在。雁字回时，人也要回去。

雁阵一点点消逝，从"人"字，到隐约的一条线，到一个点，到苍茫暮色中什么也看不见了。天空中没有了雁的痕迹，而我早已来过。

这样望着，过了多久？

直至一轮圆月慢慢升起，冷冷的银光，盈满了西楼。

月圆了，月满了，她在孤独徘徊中。

残缺与圆满完美映照着。

从黄昏到月起，上兰舟，登西楼，都无济于事。无法排遣的相思，终于不依不饶，爬上心头。

她说雁字回时，月满西楼，只是在遮掩着一些东西。不好直说，犹抱琵琶，心事一点点慢慢透露。如此婉约。

最终还是说了。花自飘零水自流，一种相思，两处闲愁。花落水中，花在飘零水在流，各不相干。就像她与明诚，彼此的相思是一致的，却只能在两地各自发愁。这种情感你拿它实在一点办法也没有，放不下，排不掉，赶不走。紧锁的眉头刚刚舒展，心头又起了幽微的折皱。此情无计可消除，才下眉头，却上心头。如此缠绵，牵牵绊绊，剪不断，理还乱，别有一番滋味在心头。

就像埃姆朗·萨罗希的《一千零一面镜子》：

我越是逃离 /却越是靠近你 /我越是背过脸 /却越是看见你

我是一座孤岛 /处在相思之水中/ 四面八方，隔绝我通向你

一千零一面镜子 /转映着你的容颜 /我从你开始/ 我在你结束

这样的文字和这样的心情留存世间，我仿佛看见你的影子，忽然有一刹那的惊异，你一直没有离开过我，是不是？

那些水面上的落花，好像从没有见它们开得那样绚烂洁白，树叶筛下的阳光斑斑驳驳地落在你精致细腻的脸庞上，好像细碎的欢乐，好像明媚的眼光。

哦，心有些疼。

其实，被忧伤和思念禁锢的，一直都只有我一个人。

我想起那时，与君相醉，与君同舟，与君畅游……

常记溪亭日暮，沉醉不知归路。兴尽晚回舟，误入藕花深处。争渡，争渡。惊起一滩鸥鹭。

惊飞的水鸟和安静醒着的莲花，它们，会记得我的故事，我的思念么？

莲花好美，它们，依然无知无觉地开着，好像那时的自己，不知尘世的悲欢。

季节回旋流转，能安静地在一处，开落，我终于懂了爱的含义。

爱就是一种盼望，盼望与他相聚，相守，相依。

所以这个世界上最动听的情话，不是我爱你，而是在一起。

帘卷西风

薄雾浓云愁永昼，瑞脑消金兽。佳节又重阳，玉枕纱厨，半夜凉初透。东篱把酒黄昏后，有暗香盈袖。莫道不销魂，帘卷西风，人比黄花瘦。（《醉花阴》）

一种相思，两处闲愁。这样的日子太长，也不知道何日才是个头。

你问我，佳节又重阳，奈何？

我说，薄雾浓云愁永昼，瑞脑消金兽。

你问我，日日花前常病酒，奈何？

我说，帘卷西风，人比黄花瘦。

相思，本来就是一个人的地老天荒。

一个人，慵懒、哀伤、孤独。

佳节又重阳，不知不觉中又是一秋，时间就这样在等与盼中过去了。每逢佳节倍思亲，佳节对一个孤栖的人来说，无异于一种折磨。它只是在提醒你，你太孤独。压抑的相思，不得不在此刻，泛滥四起。仿佛如此，才能对得起伤心的自己。

谁能够一直把坚强伪装下去呢？

白日太漫长了，像过不完似的，这个"永昼"。人在慵懒无聊中，什么也不想做。一个人，懒懒地待在房里。薄雾浓云愁永昼，瑞脑消金兽。金色的兽形香炉里，燃着瑞脑香，丝丝缕缕，缭缭绕绕，像薄雾又像愁云，人在其中，寸寸转柔肠。时光一寸寸燃烧，心里的哀伤却越来越浓。

夜晚太漫长了。纱帐里，玉枕上，人辗转难眠。到底是秋来了，夜半时分，凉意初透。

心里的凉，也更甚了。这种"凉"的感觉，不是身处其中的人用身体去触摸，用心灵去捕捉，领会不到。人在孤寂无聊中，连感觉也变得异常纤细。因为此时，除了跑马般横冲直撞的情绪和感觉，再也没有别的陪伴了。

总是这样闷在房里也不是个事，做点什么呢？

登高？登楼？登舟？罢了罢了吧，毫无意绪的人，省得费些劳什子。不如饮酒。

东篱把酒黄昏后，有暗香盈袖。黄昏后，东篱下，一个人赏菊，饮酒。想想当年的陶渊明，采菊东篱下，悠然见南山，一个人把隐逸的日子过得云淡风轻，也不错。

篱笆旁，有阵阵暗香，盈满衣袖。暗与盈，含蓄而内敛，像此刻隐在她心中的相思哀愁，潜滋暗长，无法明言，却枝枝蔓蔓，盈满心头。

此情此际，又怎能不销魂？

莫道不销魂，帘卷西风，人比黄花瘦。

忽地一阵西风袭来，卷起了身后的珠帘，也摧折了东篱下的菊花。瘦弱的黄色，怕是禁不起这阵秋风。花犹如此，人何以堪？人原来比这黄花还要消瘦！

怜花，复自怜。只是这一切，都抵不上爱人的一双温柔手。

他肯定懂得其中相思与诉求。

相传，赵明诚拿到这首小词后，感愧不已。他闭门谢客，三天三夜，不眠不休，作词五十首。然后将李清照的这首词混杂其中，请友人陆德夫赏鉴。陆德夫品鉴再三，结论是："你词作里，唯三句惊人。"他说的这三句是："莫道不销魂，帘卷西风，人比黄花瘦。"

人比黄花瘦，的确是好。好就好在，它不是李清照写出来的，而是从她心里长出来的。以自己的心灵为土壤，以自己的真气和精魂灌注。模仿不来，拼凑不来，强逼不来。

我理解赵明诚的行为，他的争当中带着深深的自得之乐，二人之间，常常相互品评、竞争，这是他们夫妇间的和平相处之道。想必清照看见了，也是不会责怪的。

我又无法理解赵明诚的行为。若他懂得了她的相思情深，该知道真正的回应不是去写一首自以为比她好或是与她一样真诚的词，而是跨越千山，渺万里层云，在一起。

又或是，他知道"在一起"是个太空洞的告白，他们终究是食着人间烟火的凡尘中人，不能像列子御风或是萧史乘凤。他想给她一个好的回答，因为太诚惶诚恐，以致不眠不休。不知道该写些什么，才能表达自己的相思。索性，一股脑全抛了出来。

其实，真情与才华无关。笨拙的真朴有时好过机巧的灵活。

宋代士族的闲雅生活，在这首词中，我们看到了。大抵离不开燃香，饮酒，登高，听乐，写词。

尤其是燃香。它是士大夫生活中不可或缺的内容之一，在淡淡的香气中醒来，一天开始，也在淡淡的香气中入眠，一天结束，或者因为淡淡的寂寞，看丝丝缕缕缥缈的香气，想入非非。

为了避免烟火气，古人常常不直接点燃香品，而用精炭之类的发热的物什间接熏烤香品，一来没有了烟气，而且散发出来的香气释放得更为舒缓，此类香品古称"熏香"。

熏香在盛唐已经很普遍了。五代时潦倒终身的才子罗隐有一首诗："沉水良材食柏珍，博山炉暖玉楼春。怜君亦是无端物，贪作馨香忘却身。"所说的就是玩香。

进入宋代，由于士大夫对物质生活的高标准严要求，又从精神层面着力倡导和提升，中国传统文化中的琴棋书画以及美食、酒、茶等都完成了奠基，呈现出博大雄浑的态势。熏香至此也成了一门艺术，达官贵人和文人墨客经常相聚闻香，并制定了最初的仪式。

周密《齐东野语》记载了当时士大夫玩香的一些场景：

王简卿侍郎尝赴其牡丹会云：众宾既集，坐一虚堂，寂无所有，俄问左右云："香已发未？"答云："已发。"命卷帘，则异香自内出，郁然满座。群伎以酒肴丝竹，次第而至。别有名姬十辈皆衣白，凡首饰衣领皆牡丹，首带照殿红一枝，执板奏歌侑觞。歌罢乐作乃退。

复垂帘谈论自如。良久，香起，卷帘如前。别十姬，易服与花而出。大抵簪白花则衣紫，紫花则衣鹅黄，黄花则衣红，如是十杯。衣与花凡十易。所讴者皆前辈牡丹名词。酒竟，歌者、乐者，无虑数百十人，列行送客，烛光香雾，歌欢杂作，宴皆恍然如仙游也。

追求日常生活中的禅意，正是宋代士人焚香的一种境界，即便不如意到了极端，也是一种疗救的方式。平居日子里的焚香，更属平常。厅堂、水榭、书斋、闺阁、松下竹间，宋人画笔下的一个小炉，几缕轻烟，并不像后世那样多是把它作为风雅的点缀，而是本来保持着的一种生活情趣。

小院春寒，依然安静如我，杏花枝上，春雨潇潇；午窗归梦，正悄无一人，炉子里的香还有一点，那久远的宋人香事便总在花中、雨中，平平静静地滋润着日常生活。

李清照的这首词，怕也是在香气中酝酿而成的吧？

寂寥浑似

小阁藏春，闲窗锁昼，画堂无限深幽。篆香烧尽，日影下帘钩。手种江梅渐好，又何必、临水登楼？无人到，寂寥浑似，何逊在扬州。

从来，知韵胜，难堪雨藉，不耐风揉。更谁家横笛，吹动浓愁。莫恨香消雪减，须信道、扫迹难留。难言处，良窗淡月，疏影尚风流。（《满庭芳·残梅》）

这首词写于崇宁三年（1104）左右。

父亲被遣返，她回到明水老家探望父母。说好的，小住一段时间后，明诚会来接她回去。结果，朝廷局势日日堪忧，"党人弟子及所有受党争牵连罢职的臣僚，一律不准入京城"。明诚迟迟没来接她。

过了春暮，过了七夕，过了重阳。

在难以预料中等着盼着，又是一年春来到。

占尽春机的梅，此种际遇下，在她眼里无复往日的"春欲放"。失去了呵护与爱宠，又怎敢自信满满地说"此花不与群花比"？此刻，一枝"残梅"，倒合她的意。

"以我观物，物皆著我之色彩。"同样一枝梅，在不同的心境下，诉说着不一样的情怀。

词的上半阕，说尽了她的无聊、孤寂，一个人深深掉进了残缺的境地。

心因为无聊而闭锁，所见也无不瑟缩着。

小阁里春来了，但被藏着。白日的光阴，闭锁在一扇闲窗之后。这个画堂，无限深幽。人陷其中，慢慢地沉坠，像是掉进了万丈深渊般惶恐、无力、无着。

一个人什么也不想做，熏一炷香，消磨时光。把日影一点点看落，看着它

下到帘钩背后。一天恍惚流过，又到了黄昏。她自己安慰自己说，往日里自己亲手种下的那株江梅，长得越发标致了。要赏梅，就在自家院内。又何必，临水登楼？自己也实在提不起意绪，振作不起那分精神。想想自己的这个模样，这种孤寂的境况，多像当年的何逊，独在扬州，对花彷徨，终日不能去。

无尽空虚，似刀锋静静穿过心脏。

在等待回家的日子里，她一天天品尝着这种感觉。

寂寞者易自伤，自伤者易自怜。

她怜惜着眼前的残梅，也怜惜着自己。字里行间，有多少不平意。从来，人们都说着梅的风韵风骨，其实，它也是脆弱的，远没有你想象的那样坚强。它"难堪雨藉，不耐风揉"，风风雨雨的搓揉，本来已经难以承受了，"更谁家横笛，吹动浓愁。"读到这里，我心里咯噔一下。一向有着"此花不与群花比""自是花中第一流"之自信的李清照，原来也只是小女人一个。在茫无际涯的等面前，在无尽无着的相思离愁中，她谋生谋爱、低眉颔首。

她说，像梅一样，我难禁雨藉风揉。你只看得见我的高标脱俗，我的气质风度，怎么会看不见我的软弱？只为贪恋那一点点陪伴，一点点笑容，一点点死心塌地的温柔，哪怕相思是杯毒药，也一饮而尽。

你不在，我还有怎样更好的世界？

如果已经沉入到了谷底，还会怎样沉下去呢？

沉不了了，只有向上走。

所以，无尽的自伤自怜快让人窒息的时候，她给了我们一抹亮色，一次浮出忧伤之海吐纳换气的机会。

"莫恨香消雪减，须信道、扫迹难留。"不要一味埋怨梅香已消，梅色已旧，你要相信，就算风雨扫尽了梅的踪迹，它的风姿也依然存留。良窗淡月下，暗香疏影，一派风流，有一种难以言说的美。

这是自伤自怜之人的自我安慰与解脱。若不如此，还不把自己给溺死了？

被思念和忧伤禁锢着的，当真只有我一个？

大致在同一时期，她还写了一首《多丽》，咏白菊。

　　小楼寒，夜长帘幕低垂。恨萧萧、无情风雨，夜来揉损琼肌。也不似、贵妃醉脸，也不似、孙寿愁眉。韩令偷香，徐娘傅粉，莫将比拟未新奇。细看取、屈平陶令，风韵正相宜。微风起，清芬蕴藉，不减酴醾。

　　渐秋阑、雪清玉瘦，向人无限依依。似愁凝、汉皋解佩，似泪洒、纨扇题诗。朗月清风，浓烟暗雨，天教憔悴度芳姿。纵爱惜、不知从此，留得几多时？人情好，何须更忆，泽畔东篱。

　　她是矛盾痛苦的。一面沉在相思寂寞中，自伤自悼；一面又劝说着自己，看淡这些，自求解脱。保持一份中正淡然的情怀，不以情迁，不以物喜，不以己悲。别再让自己沉溺在种种诱惑里，活得像个悲剧。

　　所以，她眼里的这朵经受了"无情风雨，夜来揉损琼肌"的白菊，虽备受摧折，却依然"风韵正相宜"。微风起处，清芬蕴藉，不减酴醾。它的美，在它的清芬，它的蕴藉。不张扬，不喧哗，不热烈，耐得住秋的寂寞，也享得起香的长久。它不似贵妃醉脸的媚，不似孙寿愁眉的惑，不似韩令偷香的异，更不似徐娘傅粉的矫情。如果硬要拿什么和白菊的韵致相比，也只有"朝饮木兰之坠露，夕餐秋菊之落英"的屈子和"采菊东篱下，悠然见南山"的陶潜，风韵与之正相宜。

　　可它终究要萎谢了。

　　渐秋阑，雪清玉瘦，向人无限依依。

　　我知道她的挣扎。这朵菊，还是忍不住，愁了起来。似郑交甫汉皋解佩的憾，似班婕妤纨扇题诗的悲。天教憔悴度芳姿，谁又能奈何？就算是我对它，心怀爱惜，也不知从此，留得几多时？

　　不必为苦忆昔人而萎谢，此地便有惜菊爱菊的知音。

　　菊的愁苦是化解了，因为有她这个知音。她的愁苦呢？不能说，明眼的人，一看就知。兜兜转转，她还是没有彻底解脱，还是在寻找着一种回应。

　　她不愿意明说，是因为矜持吗？或是，那一点无可奈何的不忍之心？她知

道明诚的难处，也知道人世的阴阳错违，有时根本不由自己做主。她只得将满腹心事和委屈，欲说还休。

所以，这首咏白菊的词，她用了如此之多的典故，一反她词不宜多故实、掉书袋的主张，用典故铺张得淋漓尽致。这些典故，是一种间离，用以冲淡她欲说还休的心事。

一个女子的婉约，藏也藏不住。

浮槎来去

草际鸣蛩，惊落梧桐，正人间、天上愁浓。云阶月地，关锁千重。纵浮槎来，浮槎去，不相逢。

星桥鹊驾，经年才见，想离情、别恨难穷。牵牛织女，莫是离中。甚霎儿晴，霎儿雨，霎儿风。

《《行香子·七夕》》

千百年来，这大地上的事情，如此往复，我们仅能拥有的，不过是一己之私，那独一无二，不可替换的生命体验。

又是七夕。

这是秋天里一个特殊的日子。这天有千千万万只喜鹊从四面八方飞到银河架起一座桥梁，被西王母分隔在银河两岸的牛郎织女，苦苦等候了365天，终于在鹊桥上相会了！秦观说，"金风玉露一相逢，便胜却人间无数"。

这天，南唐后主李煜，和着父王一个吉祥的梦降生了，又在"问君能有几多愁，恰似一江春水向东流"的叹息中永远离开了。这天，大唐辉煌的夜空下，某个不知名的深宫里，一个如阶上春草般自生自灭的宫女，百无聊赖，看天阶夜色凉如水，用轻罗小扇扑流萤，有一下没一下的。

这一天，李清照在明水老家的院落里，百感交集。

相思离愁一直都在，只不过在这样一个日子里，因为有了映衬，变得更为强烈。经得多了，我甚至不愿再提及，它已经是我生命中的一种共生状态了。这个夜里，望着天河的牵牛织女，我有一种别样的感觉。

还是听我，慢慢说起。

草际鸣蛩，惊落梧桐。秋草已经枯黄，稀稀落落的。草丛中，偶尔传来蟋

蟀断断续续的绝唱，那是它们为秋天唱的挽歌。院里有棵梧桐树，几阵秋风吹过，删繁就简，叶子已经所剩无几。蟋蟀凄厉的鸣叫惊破了梧桐叶的美梦，一个哆嗦，叶子便飘然落地。

这个七夕，一片萧条，没有温暖的秋阳，没有凌霜竞开的黄花。人间天上，一样愁浓。

天宫以云为阶以月为地，关卡重重，道路封锁。纵然银河上有浮槎往来，但西王母有令，牛郎织女一年中只能在七夕这天相会，所有的浮槎只能徒增他们的悲伤。看着船来船往，你在天河这边，我在天河那边，无法登上你的客船，咫尺千里。世界上最遥远的距离，是我站在你的面前，却不能在一起。

三百六十五天的煎熬，是化不开的忧伤，相思相望不相亲，天为谁春？一夕相逢，又若何，只是漫漫长夜无尽守候里的一个点缀。解不了渴。

浮槎，是古代传说中来往于海上和天河之间的木筏。晋张华《博物志》卷十："旧说云：天河与海通，近世有人居海渚者，年年八月，有浮槎去来，不失期。人有奇志，立飞阁于槎上，多赍粮，乘槎而去，十余日中犹观星月日辰，自后茫茫忽忽亦不觉昼夜。"

滋洛阳千种花，润梁园万顷田，也曾泛浮槎到日月边。浮槎来去，是身受束缚之人一种想落天外的精神放牧，终是当不得真。就算是有，又如何越云阶月地，关锁千重，让你我相逢？

生是低处仰望，爱是尘世幻想。浮槎来去，是生活在低处的人种植的一株曼珠沙华，是摇曳在彼岸的花。失望中的李清照，太多的泪水打湿了心灵的翅膀，她甚至不愿意相信传说，更不愿意相信神话，她只知道，现实是冰凉的。幻想只是对冰凉现实的一种告慰与祭奠。

因为，这次崇宁党禁，比以往任何一次都来得猛烈。

生者受牵累已不足为怪，甚至是死去的人，如苏轼，都被那帮新党起于地底，为之定罪。

她很清醒，清醒得不愿意再有任何幻想。

但星空，还是要仰望的。

星桥鹊驾,经年才见。纵是相见了,他们心中的离情在这短短的一日怕是难以诉尽的吧。"云阶月地一相过,未抵经年别恨多。"可是抬眼望去,天色阴晴变幻不定,甚霎儿晴,霎儿雨,霎儿风。她心里泛起丝丝隐忧,怕牵牛织女,无法相见,仍在离中。越是期望,越是害怕。

顾城在《我的幻想》中说:

我在幻想着

幻想在破灭着

幻想总把破灭宽恕

破灭却从不把幻想放过

真不希望看到这样的结局。

甚霎儿晴,霎儿雨,霎儿风。这是牛郎织女的忧愁,更是她的忧愁。愈演愈烈的党争,人沉浮在其中,在翻云覆雨手中,身不由己,前途未卜,生死难料。一切,被看不见的手操纵着,这样的难测与错违之中,人卑微渺小得如同微尘。

一会儿晴,一会儿雨,一会儿风。荒谬。

新党,旧党。旧党,新党。一朝天子一朝臣,如此反反复复,动荡难宁,让人憎恨。

最让人难以承受的,不是你知道注定会发生什么,而是"甚霎儿晴,霎儿雨,霎儿风"的偶然难测。在浩瀚的宇宙里,我们是如此渺小的存在。不知道生活在什么时候会突然改变方向,陷入墨水一般浓稠的黑暗里去。被失望拖进深渊,被挫折践踏,被未知戏弄。这种感觉,才真正让人恐惧。

如果一切都能解释明了,世界会变得单调无聊。如果太多的未知难测包围着我们,世界会变得深不可测。

在明水老家的院子里,望着天上的牛郎织女星,一个新婚不久的弱女子,面对着浩浩苍穹,心潮起伏。遥远天际,神秘在向她招着手。

好无助。

二年三度

春到长门春草青，红梅些子破，未开匀。碧云笼碾玉成尘，留晓梦，惊破一瓯春。　花影压重门，疏帘铺淡月，好黄昏。二年三度负东君，归来也，著意过今春。

（《小重山》）

世事如棋，真正是"甚霎儿晴，霎儿雨，霎儿风"。

崇宁五年（1106）正月，宋徽宗销毁了由蔡京领头一手炮制的元祐党人碑，大赦元祐党人，给了李格非一个"监庙差遣"的职位。党禁解除后，李清照也于此年正月重返汴京。这首《小重山》，应当作于她刚归于汴京之后。

字里行间，充满了劫后余生的喜悦。

人生就像攒在手中的水似的，总是流逝。万般变化中，明诚对她的好，一直都在，是她的劫后余生。

到底是回来了。

这个春天，有些不一样。心里残存着一点点难以置信，发现春仿佛蔓延到了长门，满眼春草葱茏的样子。墙头上那枝红梅有的已经挣破了花骨朵，急着开放，深深浅浅的，并不均匀。好像此刻站在春光里，她深深浅浅的心情。

春到长门，有些奇怪。长门是汉代长安的离宫，是陈皇后失宠于汉武帝后的住处。为重获宠幸，她捧重金请司马相如为她作《长门赋》，只是她的眼泪没有赚取他的回头。幽居长门竟成了她的余生。

最不可能逢春、最不可能重生、最不可能沾得雨露君恩的长门，也是春草青青，这真是一个奇迹。重返汴京，对李清照和她的父亲来说，一样是个奇

迹，一个奢华的梦。红梅的开放似乎带着某种寓意，她要好好整理一下自己的悲欣交集的心情。

碧云笼碾玉成尘，留晓梦，惊破一瓯春。

独坐在汴京的闺房里，置身于渐近的春光里，她只想好好休息一下。待晓梦醒来，从茶炉中取出一团茶，碾细，就像碧玉碾作尘。再将茶置入杯中，续上茶水，借一盏新茗，抚平自己惊魂未定的心。

茶色碧玉般，杯中盛放的不是水，分明是一瓯春。只可惜，这一瓯春，被梦中残存的惊惧给惊破了。似梦似真。

劫后余生，半梦半醒，悲欣交集。这是刚刚走过漫漫长夜，从遥远的地方回到家中的李清照的微妙的心理。

下阕中她回过了神，好好打理了一下自己的心情，做好准备，过今春。

稍事平复后，她开始打量眼前似曾熟悉而陌生的一切。此时此刻，天色已黄昏。

但见，花影重重，印在朱色门面上。稀疏的珠帘未卷，筛着淡淡的月，花前月下，疏影横斜。多好的黄昏。时光在她心中轰然剥落，人沉醉在其中。

好黄昏，就像前面的长门一样，又是让人一惊。

可知道，从《诗经》一路走下来，千百年来，黄昏承载着的是满满的离情，是太多曲曲折折的心事。

黄昏，是归来的时刻。日之夕矣，牛羊下括。牛羊都心无旁骛地回家了，人呢？浮云是游子的意，落日是故人的情。

黄昏，是惆怅的时刻。夕阳无限好，只是近黄昏。当落日熔金的辉煌迷离了你的眼睛时，你可知道接下来的一幕是：华丽黯然离场？

黄昏，是沉默的时刻。深院锁黄昏，阵阵芭蕉雨。人在黄昏里沉默得什么也不想说，然后突然间明白了什么。

黄昏，是沉醉的时刻。月上柳梢头，人约黄昏后。莫名其妙，难以忍受的对温馨的渴望，适宜在这个时刻泛起。

因为归来了，这个黄昏，在李清照的眼里变了，变得分外好。

二年三度负东君，归来也，著意过今春。

她终于按捺不住地要说出心中的喜悦。

二年三度，我一次又一次错过了汴京家中的春光盛景。回来了，我回来了，从这刻开始，我要做个幸福的人，吟诗、对酒、观月、赏花，把这个春好好地过，好好珍惜。

远方的炊烟摇曳着温暖，回家吧，我在等你。

回——家——，两个字，是世界上最华丽的语言，最丰美的篇章。

它永远是游子心中最诱人的渴望，最深切的呼唤，最动听的语言。

我的故乡没有繁华酥骨的都会，没有静谧侵肌的湖泊，没有悲剧般幽深奇诡的城堡，没有绿得能融化你所有思绪的大森林。故乡甚至是拥挤而脏乱的。但假若你在旅途的夕阳中听到舒伯特的某支独唱曲，使你热泪突然涌流的想象，常常是故乡的小径，故乡的月夜，月夜下的草坡泛着银色的光泽，一只小羊还未归家，或者一只犁头还插在地边等待明天。

看看手边那首回家前写的《怨王孙》：

> 梦断漏悄，愁浓酒恼。宝枕生寒，翠屏向晓。门外谁扫残红？夜来风。
>
> 玉箫声断人何处？春又去，忍把归期负。此情此恨此际，以托行云，问东君。

那时的愁是真愁。一夜一夜听更漏，直到宝枕生寒，翠屏向晓。

一日一日饮浓酒，恍恍惚惚中，似有故人来扫残红，却原只是夜来风。

一场又一场的幻觉。一次又一次看着春又去，而自己，忍把归期负。一个"忍"字，道尽了心中无奈和委曲。

找不到知心的人可以倾诉，此情此恨此际，以托行云，问东君。

这样的日子，对她来说，简直是一场灾难。

　　经历了这场灾难，你才会明白"劫后余生"这四个字，是人世间最美好的东西。比起兴高采烈、五彩缤纷、一帆风顺来，它更让你懂得：什么叫失去。

　　于是我学会了为阳光感谢——因为阴晦并非不可能。学会了为平静而寡味的日子感谢——因为风暴并非不可能。学会了为粗食淡饭感谢——因为饥饿并非不可能。甚至学会了为一张狰狞的面目感谢——因为有一天，我们中间不知谁便要失去这十分脆弱的肉体。

　　人正是在失去中，慢慢积蓄了一些力量，以对抗未来更大的变幻莫测。

　　多年以后，回想这段时光，她会怎么想？

　　生活不可能像你想象的那么好，但也不会像你想象的那么糟。

　　人的脆弱和坚强都超乎自己的想象。

　　有时，我可能脆弱得一句话就泪流满面；有时，发现自己咬着牙走了很长的路。

Chapter 04

屏 居

旧党清除殆尽之后，蔡京与赵挺之之间的矛盾也日益浮出水面。

大观元年（1107），蔡京复相。同年三月，赵挺之罢相。此次罢相后，赵挺之没能像前一次一样，东山再起。回家五天后，他就病逝了。赵挺之一死，其亲属及在京者被捕入狱，赵家的灾难来临。直至七月，因查无事实，狱罢。

赵氏兄弟三人皆被罢职免官，遣回山东青州闲居。

李清照随着夫君赵明诚，开始了他们青州屏居的生活。

这一住，就是十年。

脱去了青涩，初经了风雨，这段时期，李清照和赵明诚共守着烟火岁月，和有情人做快乐事，过了一段岁月静好的日子。

在青州，他们虽处忧患困穷而志不屈。少了纷繁扰攘的人事干扰，他们乐得在自己的天地里，做着自己愿意做的千秋事业——那便是研究整理《金石录》。

李清照专门给青州的居所取名"归来堂"，并自号易安居士。以陶渊明的"倚南窗以寄傲，审容膝之易安"自勉，意欲做个不慕名利的淡泊雅士。

时隔多年，她在《金石录》后序里依然充满眷念地回首这段日子：

> 后屏居乡里十年，仰取俯拾，衣食有余。连守两郡，竭其俸入，以事铅椠。每获一书，即同共勘校，整集签题。得书、画、彝、鼎，亦摩玩舒卷，指摘疵病，夜尽一烛为率。故能纸札精致，字画完整，冠诸收书家。余性偶强记，每饭罢，坐归来堂烹茶，指堆积书史，言某事在某书、某卷、第几页、第几行，以中否角胜负，为饮茶先后。中即举杯大笑，至茶倾覆怀中，反不得饮而起。甘心老是乡矣。故虽处忧患困穷，而志不屈。收书既成，归来堂起书库，大橱簿甲乙，置书册。如要讲读，即请钥上簿，关出卷帙。或少损污，必惩责揩完涂改，不复向时之坦夷也。是欲求适意，而反取僇慄。余性不耐，始谋食去重肉，衣去重采，首无明珠、翠羽之饰，室无涂金、刺绣之具。遇书史百家，字不刓缺，本不讹谬者，辄市之，储作副本。自来家传周易、左氏传，故两家者流，文字最备。于是几案罗列，枕席枕藉，意会心谋，目往神授，乐在声色狗马之上。

那段时间，他们是志同道合的知音。

他们对金石的爱到了痴迷的程度。"竭其俸入，以事铅椠。每获一书，即同共勘校，整集签题。得书、画、彝、鼎，亦摩玩舒卷，指摘疵病，夜尽一烛为率。"他们将所有钱财用在金石爱好之上。得一珍稀字画，白天把玩一天仍感不足，晚上接着看，夜深了还要点完一根蜡烛才依依不舍睡去。

张潮《幽梦影》说："花不可以无蝶，山不可以无泉，石不可以无苔，水不可以无藻，乔木不可以无藤萝，人不可以无癖。"有癖好的人才会情有独钟，才能进入物我两忘的人生境界。"真有所癖，将沉湎酣溺，性命死生以之，何暇及钱奴宦贾之事。"有此好，他们的乐远在声色狗马之上。

"人无癖不可与交，以其无深情也；人无疵不可与交，以其无真气也。"一个有癖好的人，一定是个深情之人。一个有瑕疵的人，一定是一个真诚之人。这点深情与真气，他们夫妇二人身上都有，也是他们视为瑰宝的精神纽带。

他们收集的字画文物越来越多，家中"几案罗列，枕席枕藉"，说它是书山文海，也不为过。他们建起图书室，将文物分门别类，登记造册。谁要看书，要先行登记，方能开库取书。

痴与真，至此尤甚。

那段时间，他们是倾心恋慕的爱人。

"每饭罢，坐归来堂烹茶，指堆积书史，言某事在某书、某卷、第几页、第几行，以中否角胜负，为饮茶先后。中即举杯大笑，至茶倾覆怀中，反不得饮而起。"我能想象，她举起茶杯，得意大笑的样子。一不小心，茶杯打翻在怀，泼了一身茶水。那边，则是明诚更加开怀得意的笑。

相视一笑，莫逆于心。静好的岁月中，发酵着浓郁的深情。

看遍江山如画，阅尽人世繁华，不过一场盛世烟花。怎及得一良人，赌书泼茶，相看青丝染成白发。这是那时李清照的心之所往，她"甘心老是乡"，不复有他想。

"赌书泼茶"，不只是他们夫妇二人之至乐、之情深，也是后来文人雅士的心中所好。它不仅仅是一种私人生活娱乐方式，更是一种精神，一种情怀，一种在充满劳绩的尘世中的诗意栖居，一种挣脱名利束缚的桃源乡。

> 谁念西风独自凉？萧萧黄叶闭疏窗，沉思往事立残阳。
> 被酒莫惊春睡重，赌书消得泼茶香，当时只道是寻常。

多少年过去了，那个相国公子纳兰容若依然念念不忘的是"赌书消得泼茶香，当时只道是寻常"。

当时只道是寻常，身处其中的人，哪里知道此刻她拥有的，就是人生中最丰美最幸福的时光。只知任性地挥霍，时过境迁之后，蓦然回首之际，徒留下怅然与不可复得的痛惜。

这种悔，李清照是没有的。她深深知道，这就是自己想要的生活，想拥有的时光。人生之至乐，莫过如此——赌书泼茶乐此不疲，共书诗画共语璇玑。满池风荷花开并蒂，莞尔一笑心有灵犀。

她，甘心老是乡。

赌书泼茶，倚楼听雨，日子清简如水。任窗外风云交替，车水马龙，内心安然平和，洁净无物。如此清淡，不是疏离尘世，而是让自己在尘世中修炼得更加质朴。

时光静好，与君语；

细水流年，与君同；

繁华落尽，与君老。

如此，足矣。

这种日子并没有如她所愿，没有一直这样持续下去。

十年里，明诚有时外出，赴齐州、泰州等地，访碑考文。或因一些故交旧游，人事绸缪，阻了归程。

十年里，蔡京等人相继退出政治舞台，赵明诚兄弟也重新返回仕途之路。岁月静好的生活，乱了节奏。踏上仕途，就是一条不归路。这条路上的人，有的身不由己，有的忘记初心。留下闺中之人，望着他们渐行渐远的背影，独自饮泣。

十年里，李清照把她的人生至乐，写在了金石里，写在了夫妇二人孜孜以求的情趣里。以为如居云端的幸福梦幻是她此时生活的全部，其实只是一种错觉。望着明诚越来越迟疑的脚步，越来越摇摆的眼神，她知道，自己要松一下手了。

无法阻挡的别离。

她把自己的脆弱和苦闷，都写在了词里。

作为一个女人，她在漫天绯色中，不染俗尘。

作为一个妻子，她在漫漫时光中，低下了头。

金尊莫诉

沉水香消人悄悄，楼上朝来寒料峭。春生南浦水微波，雪满东山风未扫。　金尊莫诉连壶倒，起重帘留晚照。为君欲去更凭栏，人意不如山色好。（《木兰花令》）

送什么都好，不要送别。

要这样经历多少次，人才学得会不再伤悲，冷暖自知？只能冷暖自知，再自知，自知到灵魂深处孑然独立，才能在漫长的时光中一直走下去。

这首词是屏居青州时，明诚外出小别后所作。虽非远游，亦增怅触。

木心《温莎墓园日记》中说："离别，走的那个因为忙于应付新遭遇，接纳新印象，不及多想，而送别的那个，仍在原地，明显感到少一个人了，所以处处触发冷寂的酸楚——我经识了无数次'送别'后才认为送别者更凄凉。"

上阕写别时。

春寒料峭的早晨。小阁里，燃了一夜的沉水香，已尽销，留下一堆冷冷的香灰，泛着毫无生机的寒光。

莫非，它们也在酝酿着离别的寒意？这种感觉不好，真的不好。想到即将送你离去，我周身倦怠无力，在这样的一个清晨，人悄悄。

走吧，走吧，我送你。

春生南浦水微波，雪满东山风未扫。

南浦之春水泛着微微的柔波，东山之梨花风还来不及扫，一切都恰称其时，一切都美好。有什么用呢？这样的景致，为离别而设，倍增惆怅而已。这

样的景致，这样的春光，仍然留不住你。此时此刻，心里泛滥着柔情，南浦和东山都笼上了柔软的光。只这柔情，瞬间被离伤淹没了。

送别的清晨，心有千千结。

我感叹着李清照看似漫不经心的信手拈来，南浦和东山，长在她的词句里，如此贴切、优雅、温婉。

她认为词"别是一家"，对秦观、苏轼多用故实有些不屑。其实，她的词句里，典故也有，只是如水乳般交融了，没有痕迹，也不会妨碍她要传达的情意。

如果你认为她只是随手拈来了南边的水和东边的山，替她送别，你就被她骗过了。

南浦和东山，是两个有着丰富内涵的意象。

登山，临水，情以物兴，物以情观，人与自然相依相伴，深情相拥。山在这里具象化为东山，水在这里具象化为南浦。

南浦，既滋生着缠绵悱恻的爱情，也疯长着怅然欲涕的离别。屈原《九歌·河伯》："子交手兮东行，送美人兮南浦"，南浦，上演着一场绝望而深情的人神之恋。江淹《别赋》："春草碧色，春水绿波，送君南浦，伤如之何。"南浦，满是"伤如之何"的别意。

李清照很聪明，她笔下的南浦，爱情与离别兼具。

东山，不是普通的山。自东晋名士谢安隐居此地之后，它在人们心中俨然成了隐逸出尘的象征。仕与隐，儒与道，游走在两端的士人，莫不在寻求着平衡。进则庙堂，退则东山。那里，谢氏家族的流风余韵会让人得到慰藉和安宁。

史载，谢安在东山，朝命屡降而不动。后被征西大将军桓温请为司马时，中丞高崧对他开玩笑说："卿累违朝旨，高卧东山，诸人每相与言，安石不肯出，将如苍生何！苍生今亦将如卿何！"意思是，你几次抗旨，不出来做官，躲在东山游乐，人家拿你没有办法。你还是出来吧，苍生都盼着你"东山再起"。

出山后的谢安，一边运筹帷幄，一边心系山水。他常穿着自制的"东山屐"，在山水间游憩，风度不减当年。"谢玄等破苻坚，有驿书至，安方对客围棋，阅书既竟，了无喜色，棋如故。既罢，还内，过户限，心喜甚，不觉屐齿之折。"驿书驰报大捷喜讯，他淡然看过奏报，喜怒不形于色，气度萧散，直至一盘围棋下完。这种处变不惊的襟怀何人能及？无人处，他的真性情自然流露，内心的狂喜再也掩饰不住，足之蹈之，不觉屐齿折断。此种赤子情怀何人能仿？

南浦深情，东山逸放，是她的情之所钟。青州屏居这么多年，明诚与她，不就是这样安然度过的吗？如今，你要放下这些，远行。我不想多说什么，你只看看南浦的水，东山的雪，它们在等着你，如何割舍？

下阕写别后。

她又喝酒了。说是"金尊莫诉连壶倒"，其实早已喝得醺醺然，浓睡也不消残酒。浑浑然醒来，天已近黄昏。一天的光景又被她白白辜负消磨了，仅存一点意绪，还是卷起重帘，留住夕阳晚照吧。

为君欲去更凭栏，人意不如山色好。你应该知道，因为你要离去，我一次次凭栏远眺，望断天涯路。暮色余晖下，山色也有一种蕴藉的好。遥远的天际，众鸟高飞尽，他们都已经回巢了。仅余一片孤云，也悠闲地飘远。

他们都已归去，都回到了自己的家，你要几时才还？

如此一想，心下怅然。眼前的山色，虽是暮景，倒比人意还要好。

同上阕一样，晚照与凭栏，也是两个经典的意象。

晚照即是黄昏，凭栏即是登高。黄昏与登高，自诗骚开始，承载的离情别意，相思乡愁，伤时伤世数也数不尽。

植根在前人播种的沃土中，濡染着千年文化的风雨，她自然浸染得一身墨香。绝代风华以一种低调的形式，不显山不露水地散发出来。虽漫不经心，也难掩芳华。

这便是李清照之所以成为李清照的地方。

你应该读得懂，其中的寂寞。

　　我听见回声，来自山谷和心间。寂寞的镰刀正收割着空旷的灵魂，不断地重复决绝，又重复幸福。终有绿洲摇曳在沙漠。是真的吗？

　　我希望自己如同绚烂的夏日之花，不凋不败，妖冶如火，承受着心跳的负荷和呼吸的累赘，等你。

　　你走，我不想送。你来，无论多大风多大雨，我来接你。

今日晴未

萧条庭院，又斜风细雨，重门须闭。宠柳娇花寒食近，种种恼人天气。险韵诗成，扶头酒醒，别是闲滋味。征鸿过尽，万千心事难寄。　楼上几日春寒，帘垂四面，玉阑干慵倚。被冷香消新梦觉，不许愁人不起。清露晨流，新桐初引，多少游春意。日高烟敛，更看今日晴未。（《念奴娇》）

上首词中，他是将走未走。这首词里，他走了好长一段日子了。

乍阴乍晴的天气，欲喜欲悲的日子。

你的离开，我的等待。

没有你的日子，事事都变得无奈。

她还没有适应从他们的静好时光中走出来，他走了，春天来了，人却变得恍惚迟疑起来。

已近寒食，又该是"宠柳娇花"的时节。被爱曰"宠"，可爱曰"娇"，自然界的花花草草，都在爱与被爱之中，看起来多么幸福。

她却独自一人，像个失爱的精灵。眼中所见，无非萧条。

庭院因为没有人气，已经够萧条了。又兼斜风冷雨，只得将重重门户关上，更显冷清。

花未放，柳未舒，应当来临的浓春美景，却被一片萧条、几番风雨代替了。因春寒而犹觉萧条，因风雨而备感沉闷，风雨并非一次，真是"种种恼人天气"。

她只是在找借口。人生自是有情痴，此恨不关风与月。天气的好与坏，都不打紧，要紧的是你的心境。

她的心境很不好，所以需要排遣。

那就赋诗饮酒吧，那时代的人，都用这样的方式。

她不但写诗，还写了很难的险韵诗（以生僻的或不适合于作韵脚的字协韵的诗）；不但喝酒，还喝了很易醉的扶头酒（一种烈性酒）。可是，险韵诗做成了，扶头酒也醒了，心里仍然空荡荡的。

原来，让人无情无绪、无意无兴的是一件没有说出来的心事。"剪不断，理还乱，是离愁，别是一番滋味在心头。"别情虽然抖落了出来，没有如释重负的轻松，却变得更为沉重。

因为，抬眼望去，那些可堪传情的征鸿早已过尽，就算是它不断飞过，心事万千，又如何尽寄？

心事没有排解，人依然是懒懒的。

连日春寒，廊外四面的帘子都放下来了。心事重重，人也懒得倚阑望远。睡吧，睡吧，一梦解千愁。白云乡太缥缈，酒乡不奏效，只能求助于睡乡了。"被冷香消新梦觉，不许愁人不起"。熏香已燃尽，锦被已变冷，她从一个梦境中醒来。

梦撕扯着她的身体，急着要走出来，她不得不起。

这是一个什么样的梦境？我忍不住好奇。

像春天一样美好吧？光阴里所有的美，都会如期而至。内心的柔软，花瓣一样盛开。

> 你在我手心塞一片春天
> 从此忘了世界 忘了时间
> 开出只有我们看得见的玫瑰
> 在眼里 飞舞 盘旋

一念天堂，一念地狱。

她的心情好像豁然开朗，笔势也一下子宕开。《世说新语》中"清露晨

流，新桐初引"的句子她直接搬了过来。一个序幕初启的清晨，映着闪烁阳光的露珠在叶尖上泫然欲坠，露珠下梧桐的新芽刚刚探出了头。此情此景，人的心境也变得明洁晶亮起来，她被眼前的这颗露珠迷住了。瞬间，深深浅浅的游春意在心头泛起。

太阳已高，雾已散去，更看今日晴未。跃跃欲试的游春意，在此又染上了一点点迟疑。

虽然宕开，尚未完全振起。一道洞彻灵府的光，照亮了她心底的阴霾，瞬间，又变得闪烁明灭。细腻的心思，敏锐的感觉。虽是一念之间，心却已百转千回。

是去了，还是没去？

这首词没有回答。

让李清照着迷的"清露晨流，新桐初引"，藏着一个故事。

> 王恭始与王建武（王忱）甚有情，后遇袁悦之间，遂致疑隙。然每至兴会，故有相思。时恭尝行散至京口射堂，于时清露晨流，新桐初引，恭目之曰："王大（即王忱）故自濯濯。"

两个本来有情的人，因为他人挑拨，起了罅隙。只是每到兴会之时，还是会想起他。以至于，在目睹了晨光中闪烁的清露、露珠下抽芽的新桐后，他从露珠中看到了故人，也是如此濯濯。

我从这段宛然的风致中，看到了灼灼深情。

真正的知音，不是你在痛苦中急于向他倾诉的那个人，而是你在快乐中急于想同他分享的那个人。那个人，是另一个自己。他栖居你的心里，内心里一点深情的喜悦，迫不及待地想让他知道。

这个清晨里无意邂逅的感动与欣喜，让她着迷。她只想与他分享。尽管，他在远方。若有感应，心一定会被这颗露珠照亮。

春天，光明的景色在嘲笑着。嘲笑着一个悲伤的她，你这么长久地沉睡究

竟是为了什么?

　　一切即将被唤醒，一切即将复苏，而你却沉在失去的悲伤里，无法自拔。

　　这是个相爱的季节，一切都会好起来的。这样想着，她抬头望了望天。

　　想起《挪威的森林》中的那段话，真希望，那个和小熊抱在一起打滚的人，是她。

　　　"最最喜欢你，绿子。"

　　　"什么程度?"

　　　"像喜欢春天的熊一样。"

　　　"春天的熊?"绿子再次扬起脸，"什么春天的熊?"

　　　"春天的原野里，你一个人正走着，对面走来一只可爱的小熊，浑身的毛活像天鹅绒，眼睛圆鼓鼓的。它这么对你说道:'你好，小姐，和我一块打滚玩好么?'接着，你就和小熊抱在一起，顺着长满三叶草的山坡咕噜咕噜滚下去，整整玩了一大天。你说棒不棒?"

　　　"太棒了。"

　　　"我就这么喜欢你。"

浓香吹尽

庭院深深深几许？云窗雾阁春迟。为谁憔悴损芳姿。夜来清梦好，应是发南枝。玉瘦檀轻无限恨，南楼羌管休吹。浓香吹尽有谁知。暖风迟日也，别到杏花肥。

《临江仙》

又是梅。

她是闺中一少妇时，喜欢它。买得一枝春欲放，徒要教郎比并看。

她因党争离京后，怜惜它。怕它"难堪雨藉，不耐风揉"。

此次别离，她的自怜之意更甚。叹梅"浓香吹尽有谁知"？带着深深的怨。

多年以后，同样是这枝梅，伴取她两鬓霜华，在疾景流年中凋残。

她喜欢欧阳修的那句"庭院深深深几许"，便直接拿来作了开头。

庭院深深，深几许？测量它的不是尺子，是心。心门若是不开，再好的春也进不来。云窗雾阁，春来得太迟。为谁憔悴损芳姿？看着这枝未得春光沾溉的梅，芳姿尽损，她在思量它到底是为了谁。其实，她知道，它谁也不为，只是顺应天时，该来时来，该走时走，如此而已。憔悴，是她心里的不舍与孤苦。

夜来清梦好，应是发南枝。因情生恨，因恨成梦。夜很浓，梦却清浅，这个清梦尚好，是不是潜藏着某种暗示？清梦即是吉兆，如此算来，南墙下那枝梅，应是临风而发、含苞吐蕊了。

庭院太深，春光太迟，她满腹的心事，都放在那枝梅上面了。怕它憔悴，

怕它损芳姿，甚至在梦里，还挂牵着它是不是发了南枝。

不知是无聊至极，还是情有独钟。一个人，日子过得很迟缓，心绪散漫，能做的，也只有这些了。

如果明诚在身边，此时此际，是在相对展玩金石、刻烛为限、不知东方之既白呢，还是赌书泼茶、乐不知倦呢？

总之，好过现在。

"玉瘦檀轻无限恨，南楼羌管休吹。"已是玉瘦檀轻无限恨了，南楼喑哑的羌管，休要再吹。"玉瘦檀轻"这四个字，指向不明，这个不明恰又是一种成全，指向了无数种可能。玉瘦檀轻，是说梅吗？玉喻其色，洁白晶莹，因是初绽，显得怯怯的，瘦瘦的。檀喻其香，清雅无痕，淡而轻，并不馥郁。可我分明觉得，玉瘦檀轻，说的又是她自己。玉是其质，檀是其形，清而雅致，洁而淡泊。

浓香吹尽有谁知？吹尽浓香的，不知是羌管呢，还是风。在这个深深庭院里，自开自谢，红销香断，无人可知。春不到，愁。春太深，仍愁。梅占得了春的先机，春暮意味着梅残，春深意味着梅的谢幕，该别的花争奇斗艳了。它从来都是不争不抢的，淡淡的样子。

这副与世无争的清简情怀，像她。暖风迟日也，别到杏花肥。还是祈祷吧，暖风迟日，别来得太快，催开了杏花肥，梅就离开了。

因为不争不抢不张扬，纵是有恨有怨，也憋着，憋成内伤。一个女子的自尊与清高，终于还是放不下。

她爱梅，惜梅，叹梅，念梅，心事蜿蜒曲折地藏在梅里，怎么也不肯直接坦白。明明灭灭隐现在其中的，是她卑微的、被自尊劫持着的、盼他归来的那个愿望。

再怎么受相思折磨，她很少哭，尤其是当着众人的面哭。

我不相信，下面的这首词是她写的。

枝上流莺和泪闻，新啼痕间旧啼痕。一春鱼雁无消息，千里关山劳

梦魂。

　　无一语，对芳樽，安排肠断到黄昏。甫能炙得灯儿了，雨打梨花深闭门。

开头不像。"枝上流莺和泪闻，新啼痕间旧啼痕"，哭哭啼啼，泪流不尽的怨妇模样，真不像她。除此而外，其他的句子倒颇有清照的神韵。直而不尽，透而不露，虽乏婉转情思，却也有一种爽利与干脆在其中，具有北方气质。

"在这个瞬间。我似乎明白了'永远'、'心'和'灵魂'的意义之所在，强烈的情感让我想将这些年所经历的全部都与她分享。然后在下一个瞬间——却又悲伤得无法抑制。那是因为，我不知该如何珍藏明里的这份温暖，也不知该将她的灵魂带往何处去。我清楚地明白，我们无法保证将来能永远在一起。横亘在我们面前的是那沉重的人生与漫长的时间，让人不由得产生一种无力感。"真希望，接到她的来信，读到了她的词，明诚能说出这样的话来。

一个想要给你幸福，想得太慎重以致手足无措、茫然无力的人，是真爱你的。

这首词中有二组矛盾对比意象。清梦、玉瘦、檀轻，是内敛含蓄式的；浓香、暖风、杏花肥是外向张扬式的。前者用来叹惜春来得晚，春风不度，梅也寒。后者用来忧虑春去得太快，春天走了，梅也难留。

没来，害怕它不来；来了，又害怕它要走。来来去去，皆不自由。对梅的爱，已经是患得患失了。对人的爱呢？亦是如此。

一个人若是真心喜欢另一个人，因爱生怖，就会变得患得患失。

进退得失之间，全因为一个"我"在，全因为付出了真心，太执着。

望断归路

寂寞深闺，柔肠一寸愁千缕。惜春春去，几点催花雨。　倚遍阑干，只是无情绪。人何处，连天芳草，望断归来路。（《点绛唇》）

寂寥的篇什，足令多情人魂销。

这首词里，我们依旧看见她在春天里等待归人的身影。这个姿势，太久，太熟悉，让人有种窒息的无奈感觉。

爱到极深时，等待成习惯。

从《诗经》开始，一直到唐诗、宋词，见得最多的是一个个等待的身影。

等待是"采采卷耳，不盈顷筐"，等待是"一日不见，如三秋兮"，等待是"过尽千帆皆不是，斜晖脉脉水悠悠"，等待是"独上高楼，望断天涯路"，等待是"陌头忽见杨柳色，悔教夫婿觅封侯"，等待是"寂寞空庭春欲晚，梨花满地不开门"，等待是"不见去年人，泪湿春衫袖"，等待是"衣带渐宽终不悔，为伊消得人憔悴"。

等待是一个人和时间恋爱，等待是等不来也甘愿的姿态，等待是将瞬间的告别换为漫长的释怀，等待是让洁净的青春抖落光阴的尘埃。

有爱，便有了等待。

可是，我习惯了爱你，习惯了等待，却怎么也不习惯不在一起。

也许是等得太久了，她少了些婉转，多了些直白。这首词明白如话，语浅情深。

"寂寞深闺，柔肠一寸愁千缕。"这是在写深闺独处的相思之苦。寸寸柔肠缠绕着千丝万缕的愁丝，实在是苦。

将抽象情感具象化，李清照最是擅长。或许女子本来就是感性的，她们习惯将一切抽象不明变得可触可嗅可感。她轻巧驾驭着各种感官，将它们打并成一片。她说绿是肥的，红是瘦的；她说玉是瘦的，檀是轻的；她说梦是清的，香是浓的。她说花影有重量，压住了重门；她说梦是残忍的，惊破了一瓯春。她说舴艋舟太轻，载不动许多愁。她说柔肠一寸绕愁千缕，多与少、轻与重，不言而喻。

"惜春春去，几点催花雨。"这是在写青春易逝的闲愁。冷雨无情，催花凋零，不需要太多，花太娇，几点就足够酿成悲剧。她很心痛，自己的青春就在等待中，被季候里的风风雨雨，被看不见的时光之手生生耗尽。

"倚遍阑干，只是无情绪"，是在写自己相思难耐，唯登高远眺。这种选择，是千百年来，等待与盼望者惯用的。心里的渴望借登高与远眺插上翅膀，挣破沉重渺小的肉身，穿过千里万里、千年万年的时空，直抵有情人的身旁。

可惜，好像这个法子对她来说没有用。阑干倚遍了，不知几多回，也没有看到一点点令人欣喜的迹象，烦恼更甚，只是无情绪。

"连天芳草，望断归来路"，依然是在远望。没情没绪也别无选择，人痴痴地望，仿佛这样能感动天与地，盼来奇迹。向远处望，远些，再远些，直到目力尽处，芳草与天际连成了一片，把归路望断。

"过尽千帆皆不是，斜晖脉脉水悠悠。"温庭筠不早已说过了么？

"平芜尽处是春山，行人更在春山外。"欧阳修不早已提醒过你么？

"误几回，天际识归舟。"柳永不也是试过了么？

明知无望，偏偏要望。心里的那点执念，最后还是成了虚妄。

该怎么安慰你才好？

答案在这首《青玉案》里：

　　一年春事都来几？早过了三之二。绿暗红嫣浑可事，垂杨庭院，暖风

帘幕，有个人憔悴。 买花载酒长安市，又争似家山见桃李。不枉东风吹客泪，相思难表，梦魂无据，惟有归来是。

相思难表，梦魂无据，唯有归来是。

她说，唯有情人的陪伴可解相思这味毒药。

如果把《青玉案》与这首《点绛唇》合而观之，你会看见一个在等待守候中的思妇，在春天里日常生活的全部。

她在春天是寂寞的，叹芳姿憔悴，叹绿暗红嫣，慵倦无绪，昏昏沉沉，通常选择的是：在深深庭院里，垂下帘幕。或燃上一炷香，或饮上一盅扶头酒，然后，做梦。

梦醒了，待得太久了，清晨也好，黄昏也好，最好是黄昏，或登楼远眺，或后院观花。黄昏隐去，清月素辉，做一个无眠的人，把更漏挨尽。

晨复晨兮，旦复旦。

荒芜得触目惊心。

一个女人的宿命。

你在苍茫中，守望你的天下。我在孤独中，等待你的归家。

做一个男子多好，也曾守望。可他守望的是天下，是无比的广阔与宏大。守望边关，守望家国，守望荣誉，守望梦想。以天地为家，以时空为限，纵横九万里，横贯三千年。这个守望，够大。

一个女子的守望，那么卑微，只守望着一个人，一个家。

岁月太深，多少守望物是人非。时光太浅，多少等待时过境迁。这样的不幸，我们见得太多太多了。这是谁的诗，写得这样好：

那古案上 /静寂的七弦琴 /是在等待子期的倾听 /还是等待相如的抚慰 /只是千年的期望 /也不过等来那一缕 /轻拂而过的清风

那绝壁上 /婆娑的银杏树 /是在等待李白的醉卧 /还是等待东坡的高歌 /只是万年的守望 /也不过等来那一弯 /照它孤影的冰轮

那幽谷中 /翠黛倚竹的佳人/ 是在等待天涯的归人 /还是等待遮雨的

草堂／只是日暮的遥望／也不过等来那一抹／繁花落尽后的残霜

当李清照在守望着赵明诚归家时，心里也曾闪过这样的忧虑吗？或许有过，真的有过。

青州十年，从25岁到35岁，她也不是明媚如初的少妇，早已从青春迈向了盛年。他们的知己之情，远甚于声色犬马之上。整理金石，不只是一项工作，更是维系二人精神世界的纽带。

可是，有一点，只有那一点，让她想起来，心立刻冰凉，甚至是绝望。仅有的一点清高与自信，在想起它的瞬间崩溃。

不孝有三，无后为大。

他们至今尚无子嗣。

"买花载酒长安市，又争似家山见桃李。"家山，即故乡。这句话我感觉有深长的意味。

她说，他乡再好，何如故乡，何如家里的糟糠之妻？难道她在暗示明诚"买花载酒长安市"，而忘了"家山桃李"？

欲说还休

> 香冷金猊，被翻红浪，起来慵自梳头。任宝奁尘满，日上帘钩。生怕离怀别苦，多少事、欲说还休。新来瘦，非干病酒，不是悲秋。
>
> 休休，这回去也，千万遍《阳关》，也则难留。念武陵人远，烟锁秦楼。惟有楼前流水，应念我、终日凝眸。凝眸处，从今又添，一段新愁。（《凤凰台上忆吹箫》）

一个女人所谓的幸福，要求并不高。

希望他留下来，不为什么，就是因为可以在傍晚交换几句有关人情世故的意见，或是坐在小院里，有一搭没一搭地闲话家常。

青州屏居，已近十年。她很知足，对外面的世界并无过多奢求，甘心老是乡。对明诚呢？这段时光不是不妙，只是男儿志在四方，家太小了，关不住他们的欲望。

爱，最可怕的地方是什么呢？不是让人失去自我，不是让人放弃自己的准则，也不是激情退去之后难以为继的平淡。它的可怕在于，当爱已经成了习惯，你却要与它生生剥离。它让你明白，离别才是人生的常态。

十年，面临结束。明诚即将重返仕途。

这次不是小别，不是暂别，而是在求仕之路上，茫然向前。

君问归期？未有期。

这首《凤凰台上忆吹箫》当写于明诚即将返仕、屏居生活即将结束之际。

一个"愁"字越抹越浓，中间还间杂着想说难说、欲说不说的"欲说还休"。心事太重，离别也变得不那么纯粹。心里留下的那点"说不清"，终会在他离去之后，长成一根刺，时时扎着她的心。

《凤凰台上忆吹箫》这个词调，始于李清照，它还有一个名字叫《忆吹箫》，是有典故的。《列仙传拾遗》载，萧史善吹箫，作鸾凤之响。秦穆公有女弄玉，善吹箫，公以妻之，遂教弄玉作凤鸣。居十数年，凤凰来止。公作凤凰台，夫妇止其上。数年，弄玉乘凤，萧史乘龙去。

这个典故她在接下来的词中还会用到。

上阕一开始，写了五件事：炉冷却；被掀开；头不梳；奁未拂；日已高——都是写人之"慵"。

铜制的狮形熏炉冷了，可见时日已晚。红色的锦缎被子掀了，不得不起来。虽然已经起了床，还是什么也不想做，就连女人最慎重的一天之始——梳头，也懒得去做。《诗经·伯兮》："自伯之东，首如飞蓬。岂无膏沐？谁适为容？"明诚还没有走，想到他即将要走，一点意绪也没有了。镜奁盖满灰尘，懒得拂拭。太阳已渐渐升高，直透帘钩。

种种铺垫、渲染，终于逼出了这句话："生怕离怀别苦，多少事，欲说还休。"

本来有许许多多的心事，想说给你听，可话到嘴边，又咽下了。其间包含着多少曲折，想你也能够明白。

这种离怀别苦，不是今日才有。近来人是越来越瘦了。为何而瘦？不是如欧阳修在《蝶恋花》中所说的"日日花前常病酒，不辞镜里朱颜瘦"，也不是她自己在《醉花阴》中所说的"莫道不消魂，帘卷西风，人比黄花瘦"。不是中酒，也不是悲秋。

说了一连串的"不是"，她始终也没有说出那个让她瘦的"是"到底是何。多少事，欲说还休。

我的心事你真的能懂么？我们之间，什么时候，竟变成了遮遮掩掩，"欲说还休"？

欲说还休，是有太多话想说，但不知从何说起。有不甘，也有不舍。不干净，也不坦荡。没放下，也不从容。

有人说，这里的"欲说还休"，是因为李清照太爱明诚了，这点无需怀

疑。因为爱，所以克制，所以不忍，怕伤情懦弱的话说多了，乱了他的心。欲说还休，是一种爱的成全。

有人说，"欲说还休"，是李清照碍于封建伦理，夫妻之情永远是闺房之私，儿女情长只是附带的惊喜，经济仕途才是主业。一个出嫁从夫、识事明理的女子，不会不懂得这些，不能不放下一己之私。

我却以为，这个"欲说还休"，是她的难言之隐。

爱是有的，但还不至于爱到可以分享，甚至像《浮生六记》中的芸娘一样，心心念念，为夫纳妾。"百草千花寒食路，香车系在谁家树"，这种忧虑，哪怕只是一闪念，也存在过。这一切，皆因为婚后十几年，他们没有子嗣。在爱的面前，每个女人，都是自私的。

才高名显又如何？志同道合又如何？

我不想说。新来瘦，非干病酒，不是悲秋。

最想表达的，往往都欲说还休。最想说清的，恰恰是一言难尽。徘徊在心边的言语，要说出口，好难。

休休！这回去也，千万遍阳关，也则难留。

算了算了吧，再也不想它。这回你决绝地要走，就是唱千万遍阳关，也是难留。

《阳关三叠》是伤离之曲，取王维《送元二使安西》中"劝君更尽一杯酒，西出阳关无故人"之意谱成。一次不够，千遍万遍也不成。走，既成了定局，无法挽留，再纠缠不休，又何苦？

无法更改的，便只有接受。还是想想日后吧。

"今武陵人远，烟锁秦楼。"这里蕴藏的意思，太丰富。

武陵人远典故有二。一则指陶渊明《桃花源记》中的武陵渔夫故事，他误入桃花源，发现了一个与世隔绝的理想村子。一则指刘义庆《幽明录》中刘、阮故事。后汉刘、阮入天台山采药迷路，遇到两位仙女，结成夫妇。后又思家求归。

李清照想对明诚说什么？说你走得太远，宁恋家乡一捧土，勿念他国万两金？家在这里，等你归来。说你不可有遇仙之事，莫失莫忘？人在这里，等你

归来。

烟锁秦楼，用了"凤凰台上忆吹箫"之典故。萧史和弄玉的仙凡之恋终以双双团聚为结局，留下的人去楼空，又该何人来承受？明诚一去，独守秦楼的是她。重重烟雾，锁住了秦楼，你我之间千难万阻，太多变数，再相见，又待何时？

留在这个"秦楼"里，有谁知道我终日凝眸呢？唯有楼前流水。水本无情，竟比人还要有情，懂得挂念我之凝眸。

"终日凝眸，从今又添，一段新愁"。自从听了他要走的消息，就有了新愁，是一愁；他一走，"清风朗月，陡化为楚雨巫云；阿阁洞房，立变为离亭别墅"（《〈草堂诗余〉正集》载沈际飞评语），又是一愁。

词写至此处，已是愁得化不开了。

真想劝劝她，为何自苦如斯呢？

时光越老，人心越淡。曾经说好生死与共的人，到最后可能老死不相往来。岁月是贼，总是不经意偷去许多，美好的容颜，真实的情感，幸福的生活。也许我们无法做到视若无睹，但也不必干戈相向。毕竟谁都拥有过花好月圆的时光，那时候，就要做好有一天被洗劫一空的准备。

这首词用了很多如话家常的口语：起来、生怕、新来、这回、也则、非干、休休。穿插其中，不衫不履得妙。也用了一些典故：阳关、武陵、秦楼，如着蟒袍玉带踱着方步，雅得也妙。

词之于她，已臻自在潇洒的妙境。

情之于她，却越来越纠葛。

Chapter 05

辗 转

二十年，三座城。

从 25 岁到 44 岁，李清照的生活主要以青州、莱州、淄州三地为重心。

青州十年，是她生命里最丰美的时光。这十年间，夫妇二人屏居乡间，"无丝竹之乱耳，无案牍之劳形"，红尘扰攘、名利竞逐，一切为稻粱谋的奔波，仿佛都被摒弃。夫妇二人，有金石在手，有知音在侧，琴瑟在御，岁月静好。他们二人的"归来居"，效法陶渊明，直追刘禹锡之"谈笑有鸿儒，往来无白丁"的陋室。

这十年里，他们不断做着加法。金石文物越积越丰，整理研究越来越完备，夫妇情感也应是说不出的绸缪。这十年，成为李清照生命中最丰厚的底色，也成为她日后抗击人世风雨、勇敢活下去的不绝养分和源泉。

往事若可下酒，回忆便是一场宿醉。赵明诚去世后，李清照一个人寡居临安、走完风雨残年的近二十年的时间里，她几乎是靠着回忆和往事支撑着活下去的。尘封在心底的往事，一点点被她打捞，又在现实中发酵，被她酿成一杯杯苦涩中带着甘醇的美酒。滋养了她，也滋养了无数后来的人。

青州十年接近尾声及随之而来的二三年里，赵明诚因欲出仕，往返在异地与青州，夫妻二人离多聚少。

1121年，赵明诚赴莱州任知州。

李清照心中是不舍的。她不舍青州这段时间的生活状态，曾说过要"甘心老是乡"。也不舍与明诚再次离别，"多少事，欲说还休"，但她知道说什么也无法挽留，只能"休休"。一个人留在青州，等明诚安定下来，再作筹划。

同年底，赴莱州，与赵明诚团聚。一路风尘，一路期盼，初到莱州，却是深深的失望和难以言说的孤独。

明诚忙于公务和应酬，还有她一直"欲说还休"的难言之痛——是否纳妾不得而知，没有子嗣却是事实。原来非常亲近的人，天各一方，时间使他们疏远，空间也会使他们疏远。最大的疏远还在于那种"欲说还休"的隔膜。两人之间，什么时候变得顾虑重重了？

她常常一个人孤单地留在房间里，亲友故交都不在这里，初来乍到，她只是一个异乡人。这里不似青州，没有怡人情志的金石、书籍——那些大都还留在青州。"平生所见，皆不在目前"，她只能聊借诗词抒伤感之怀。

或是，沉默。

沉默的原因有多种：因为不便说而不说，那是礼貌或者虚伪；因为不该说而不说，那是审慎或者世故；因为不必说而不说，那是默契或者隔膜；因为不屑说而不说，那是骄傲或者超脱。

她的沉默，到底是为了什么？

幸好，还可以继续整理充实《金石录》。莱州四年，她对《金石录》用力至勤，已经是当时首屈一指的金石学家。金石，已经成为夫妇二人之间不可撼动的精神纽带。这一点对赵明诚来说，无人能及，也无可取代。

1126年，赵明诚守淄州。

因得白居易《楞严经》，"上马疾驱归"，与李清照共赏。这种知己之情，既不是夫，也不是妻，更不是情人，而是居住在你精神领域里，一个可以说心里话，可以用心灵取暖的人。

1127年四月，靖康之变，北宋灭亡，赵构建南宋，宋宗室南渡。

国家，国家，国已不在，家又安在？随着宋宗室南渡，他们一路追随着皇帝的逃亡方向，家，远远抛在了身后。巍巍前朝遗都，早已不复，田中鉴金谷物也已成熟。哀伤的眼渐次模糊，我嗅到故土又芬芳如初。

而他们留在青州的所有文物，已经朝不保夕了。

十二月底，青州兵变。他们耗尽半生收集的十余屋文物，在战火中化为灰烬。唯独那本他们花费了近二十万钱从东京买来的《神妙帖》，被李清照携带着。在途经镇江时，遇强盗抢掠，却再次幸免。他们不得不感叹"神工妙翰，有物护持也"。冥冥中得与失自有天意，这种劫后余生的悲喜莫名，实难为外人道矣！

这样的乱世，这样的疲于奔命，黄钟毁弃，瓦釜雷鸣，哀鸿遍野，无法自保的，岂止是他们的文物！眼看着生命被践踏，如草芥，如蝼蚁。身在其中，如何自处？

时代的洪流涤荡着每一个敏感的灵魂。身为一介女流，在沧桑巨变中，她的目光突破了自己的小天地，遥望着故国山河。看着但求苟安一路南逃的南宋小皇帝，她借一首寿词，寄望于有识之士"安石须起，要苏天下苍生"。

北宋灭亡后，南宋苟安，与金形成对峙局势。

南渡之耻，多少有志之士壮怀激烈，收拾旧山河的梦，从来没有熄灭。

家国之变留给李清照刻骨铭心的痛，在余下的二十余年里，她将一一体味。

幸好，她没有看到南宋灭亡的那一刻。

那种幻灭，更是蚀人心魂。

看看明人张岱的《自为墓志铭》便会明白：

> 少为纨绔子弟，极爱繁华，好精舍，好美婢，好娈童，好鲜衣，好美食，好骏马，好华灯，好烟火，好梨园，好鼓吹，好古董，好花鸟，兼以茶淫橘虐，书蠹诗魔，劳碌半生，皆成梦幻。年至五十，国破家亡，避迹山居，所存者破床碎几，折鼎病琴，与残书数帙，缺砚一方而已。布衣蔬食，常至断炊。回首二十年前，真如隔世。

繁华一梦，恍如隔世。

谁与共

> 暖雨晴风初破冻，柳眼梅腮，已觉春心动。酒意诗情谁与共？泪融残粉花钿重。
>
> 乍试夹衫金缕缝，山枕斜欹，枕损钗头凤。独抱浓愁无好梦，夜阑犹剪灯花弄。
>
> 《《蝶恋花》》

念武陵人远，烟锁秦楼。

明诚走了，独留清照一人在青州。生活又陷入日复一日的循环与等待之中。

我能给你些什么呢？一个久久望着孤月的人的悲哀，一个"独抱浓愁无好梦，夜阑犹剪灯花弄"的人的寂寥。

我给你我的黑暗，我的困惑，我的绝望。我试图用它来打动你，若怜悯起自你心上，你会感同身受。

写这首《蝶恋花》的时候，明诚此刻是在赴莱州的途中，还是已经到了任上？

"暖雨晴风初破冻"，冬天要过去了。暖阳与和风携手，轮番登场，融化了大地上执意坚守的那点冰。你能感觉到春的气息，它们正从破了冻的冰与土里探出头来，忙着将沉睡的万物叫醒，让岑寂了一整个冬天的生命复苏。

"柳眼梅腮，已觉春心动。"柳芽睁开了蒙眬的眼，梅朵微绽出红晕，有些害羞的样子。"柳眼梅腮"，传神写照，用得俊俏极了。花花草草，春心已动。这种心境，置身于春光中的她，也是有的。沉睡的心忽然起了一阵风，泛起涟漪。这样的春光，岂能辜负？忽然好想做点什么。

"酒意诗情谁与共？泪融残粉花钿重。"刚刚萌动的一点兴致，一闪即逝。心理微妙得丝丝入扣。满满的诗情，我想喝点酒，我想吟诗作赋，我想将生命中的喜悦与最亲近的人分享。想到几乎忘形了，回头转身去叫明诚，却发现房内空空。你早已经离开，我怎么就忘了呢？被思念和忧伤禁锢着，我已分不清梦境与现实。

罢了吧，无知音共赏，这点酒意诗情已是意兴阑珊了。旋生旋灭的念想，谁又知道她心里的波澜呢？她没有李白那样的浪漫，在"花间一壶酒，独酌无相亲"的情形下，可以"举杯邀明月，对影成三人"。歌舞之间，难以消解的，仍然是深深的孤独。对，李白是孤独的。孤独更带着理性色彩，是生命中无法化解的存在。而李清照，此时此刻的李清照，是寂寞的。寂寞是一种感性的状态，是可以化解的。比如，爱人的陪伴。

寂寞适宜于感性的女子。她果然很感性。泪融残粉花钿重，还是忍不住，流下了眼泪。泪太多，脂粉零乱。心太沉，感觉已经无法负荷头上的花钿之重。

"泪融残粉"，过于脂粉气了。我说过，李清照是感性的，但她的感性带着一般女子、尤其是男性笔下女子所没有的清高与自矜。她不会轻易用眼泪去换取爱人的怜惜，也不会用哭泣去发抒心中的哀伤。

可是，这里，此刻，她分明是哭了，而且哭得很伤心。

也许，这次真的不同。撑得太久了，她想放纵一下自己的忧伤。

哭过了，还是一个人，闷闷地待在房内。

时间，走得太快了，又到了夜深。时间，走得太慢了，长夜漫漫，何时旦？

"乍试夹衫金缕缝，山枕斜敧，枕损钗头凤。"天色已晚，换下了白日的衣衫，换上了一件夹衫。夹衫上金缕缝就的边线，有些明艳。斜倚在山枕之上，一点睡意也没有。静默中，黑夜注视着我。这样过去了多久？只感觉身上有些寒意了，躺卧的姿势太久，头上的那支凤形钗已被压得扁损了。

我有些奇怪，一个无情无绪、被寂寞占据的人，为何花费这么大的心思，

去写衣衫，衣衫的质地，山枕，钗头凤。充满女性化的色彩与细腻感触。恍惚中仿佛进入了五代花间词人营造的精致华丽的世界里。

> 小山重叠金明灭，鬓云欲度香腮雪。
>
> 新帖绣罗襦，双双金鹧鸪。
>
> 山枕腻，锦衾寒，觉来更漏残。

忽然间又有些明白了，她这样不厌其烦地描摹，是为了让他看见，看见她的忧伤如同这些衣饰一样华丽明艳。越是华美，越是寂寞，越是悲伤。就像绣罗襦上的"双双金鹧鸪"，华美却没有生命，失去了生机的一个空壳，一个标本而已。这样展览着，却没有人能懂它们辉煌下掩藏的无语诉求。

"独抱浓愁无好梦，夜阑犹剪灯花弄。"独自一人，拥着浓愁，怎么能入睡呢？夜太深，守着一线明明灭灭的微光，把长夜坐穿。丛林般的寂寞，潮水般的忧伤，黑暗里，我们依然无法携手前行。

如果你想知道周围有多么黑暗，你只要留意远处这一点微光。

守着长夜里的一点光，就像是守着你。

灯花忽闪了一下，像是在预示着什么。她站起来，寻一把剪刀。据说，灯花闪，意味着好事将至。哪怕是一个虚无的妄谈，她宁愿相信。

"何当共剪西窗烛，却话巴山夜雨时"，李商隐剪烛西窗的梦太美，让人沉醉。此时想起这句诗来，心里充满了感动。他终究是体贴的，懂得抓住人内心深处温软的渴望。

灯花，最微弱素朴的花，盛开在黑夜中，点亮的是希望。

"有约不来过夜半，闲敲棋子落灯花。"赵师秀笔下这个人，在黄梅时节雨、池塘处处蛙的夜里，等着一份约定。夜已过半，人却未至。他闲敲棋子，落灯花。是悠闲还是焦虑？懒去管它。至少，他还有着一份约。而她此时，只守着茫然的未知。

也许，还是纳兰性德的这首词，更符合此时她的心境。

谁翻乐府凄凉曲，风也萧萧，雨也萧萧，瘦尽灯花又一宵。

不知何事萦怀抱，醒也无聊，醉也无聊，梦也何曾到谢桥。

一样东西，如果你太想要，就会把它看得很大，甚至大到成了整个世界，占据了你的全部心思。可是，在这人世间，有些路非要一个人单独去面对，一个人单独去跋涉的，路再长再远，夜再黑再暗，只能独自默默地走下去。

方寸乱

泪湿罗衣脂粉，四叠阳关，唱到千千遍。人道山长山又断，萧萧微雨闻孤馆。　惜别伤离方寸乱，忘了临行，酒盏深和浅。好把音书凭过雁，东莱不似蓬莱远。

《蝶恋花》

宣和三年（1121），独留青州的李清照前往莱州，与赵明诚会合。

劳燕分飞各西东的日子，终于要到头了。想来她的心中一定按捺不住重逢的欣喜。极致的欢喜，像一个自己与另一个自己在久别的光阴隔世重逢。只是，千里关山，得用脚一步步丈量，重逢的期待也因为路途的遥远拉得越来越长。

一路上，会有多少故事？我无法想象。

唯这首《蝶恋花》，她留下了题跋"晚止昌乐馆寄姊妹"，让我们看到了她生活里的另一个侧面。我们知道她酷爱金石，知道她与明诚赌书泼茶的幸福，也知道明诚不在的日子里她的无聊无绪。以为她的世界里，只有明诚、诗词和金石。其实，不只这些。

亲情与爱情一样，都是完整生命不可或缺的一部分。

高飘的风筝挣不脱长长的线，瓜豆的藤蔓总绕着层叠的篱笆，这样生命才会有坚实的依托，不至于蹈空。这线，这篱笆，就是生命中的亲情。

在乱离的人世中，在人生的孤途中，有时它比爱情更能慰藉人心。

清照只有一个同父异母的弟弟，不知这首词里的姊妹，是堂姐妹，还是夫之姐妹，还是其他的什么人，这些并不重要。重要的是，流露在这首词中朴实而浓烈的真情。

她是途经昌乐，一人独宿在孤馆时写下这首词的。

"泪湿罗衣脂粉，四叠阳关，唱到千千遍。"这三句当是回忆姐妹们为她送别的情形。泪湿罗衣脂粉，这种送别方式，很女人，很感性，也很真实。我们无法笑着说再见，也无法安慰你说"海内存知己，天涯若比邻"，谁都知道，再见很难。

"四叠阳关，唱到千千遍"，离别之曲《阳关》唱了又唱，只是不愿意让你走。"阳关"一般反复唱三遍，故又叫"阳关三叠"，可她偏偏说"四叠阳关"，这是无意还是有意？权当是有意吧，她想说的是，姐妹情深，依依难舍。

送君千里，终有一别。

"人道山长山又断，萧萧微雨闻孤馆。"这二句当是写别后孤旅。

望断了远山，直至人消失在山的另一边，再也看不见。

天下起了潇潇的雨，秋日的雨格外冷。天色越来越暗，荒芜的路途中，别无选择，只有一个孤馆。一个人坐在孤馆中，临别的情形一遍遍在脑中回放。"阳关"离曲仿佛还在心头萦绕，沥沥雨声，让人的心一阵比一阵紧。

夜雨会让孤身逆旅的人特别想家，想亲人，想得很深很深。

李商隐《夜雨寄北》："君问归期未有期，巴山夜雨涨秋池。何当共剪西窗烛，却话巴山夜雨时"。夜雨下，各种色相隐退，一切斑斓消逝。人在逼仄中，变得格外敏感，他不得面对自我，面对内心，走向情感的最深处，走向对安逸与温情的期盼。夜雨下，《夜雨寄北》诞生了。

还有苏东坡，在夜雨下，想起了弟弟子由，写下了这首深情的诗：

> 是处青山可埋骨，他年夜雨独伤神。
> 与君世世为兄弟，又结来生未了因。

夜雨让旅行的人突然憬悟到自己身陷僻远、孤苦的境地，忍不住顾影自怜。思绪泛滥，心潮起伏，提起笔来，文字被雨浸得水淋淋的，思念也被淋湿了，变得格外沉。夜雨下，元代的徐再思说：

　　一声梧叶一声秋，一点芭蕉一点愁，三更归梦三更后。落灯花棋未收，叹新丰孤馆人留。枕上十年事，江南二老忧，都到心头。

　　夜雨下的李清照，沉浸在与昌乐众姐妹告别的情形里，走不出来。

　　"惜别伤离方寸乱，忘了临行，酒盏深和浅。"临别时各自伤情，方寸大乱，深深浅浅的酒，一盏接着一盏，不觉间，已是醺醺然。该说的话没说完，该叮咛的没叮咛？

　　她想说什么？"好把音书凭过雁，东莱不似蓬莱远。"

　　多写写信来吧，东莱不像蓬莱那样遥远。东莱，是丈夫赵明诚的任地，也是她即将要抵达的地方。蓬莱，是传说中的海上三仙山之一。此处将两地对举，宛若天成。才情敏赡，一至如斯。

　　这是她当时没来得及说的，也是她对未来姐妹亲情的期盼。

　　雨夜，孤馆，她。时间，地点，人物，都齐备了。

　　事件，就是想念。

　　从现在到过去，从过去到未来。时空在雨夜里不断跳跃，你在空中写下了她们的名字。

　　隔着千年时空，雨夜里的悲欢离合不断上演，从未停歇。

　　"风雨凄凄，鸡鸣喈喈，既见君子。云胡不夷？风雨潇潇，鸡鸣胶胶。既见君子，云胡不瘳？风雨如晦，鸡鸣不已。既见君子，云胡不喜？"这个雨夜因为见到了君子，《诗经》中那个平凡的女子欣喜得无法自已。突如其来的幸福，让她在这个风雨如晦的夜里，感受到从未有过的妥适与安定。

　　"昔我往矣，杨柳依依。今我来思，雨雪霏霏。行道迟迟，载渴载饥。我心伤悲，莫知我哀。"在杨柳依依中离去，在雨雪霏霏中归来。漂泊的游子，在面对故乡的那一刻，面对着物是人非、世事如棋的瞬间压迫，心中装满了无法为外人道、也无法为外人知的莫名悲哀。

　　穿过这漫长的雨夜，一路马不停蹄，向着他的方向奔去。有你的地方，就

是我的海角天涯，这点，她从没有怀疑。

可是，在莱州的那一端，等待着她的，还是往日的人、往日的情怀吗？

"旧时天气旧时衣，只有情怀不似旧家时。"这是多年之后，在遭逢家国巨变的情形下，她发出的感慨。"不似旧家时"的情怀，一直都有。只是性质不同，程度不同，对人的影响不同而已。

莱州，莱州，为什么偏偏是个"莱"字？

好吧，我来了。

子虚友

到莱州之前，他们夫妻二人断断续续分居已有两三年。这次到莱州，她做好了相守的准备。

作五十首词，想把"人比黄花瘦"比下去的傻气，他还有吗？共研金石、赌书泼茶的雅兴，他还有吗？

初到莱州后，她分明感到，这次和以往有些不一样。

她常常一个人孤单地留在房间里，亲友故交都不在这里，她还是一个异乡人。这次赴莱州，长途奔袭，平生收集的金石、字画、书籍大都留在了青州。这些，她都写在了《感怀》诗序里。

宣和辛丑八月十日到莱，独坐一室，平生所见，皆不在目前。几上有《礼韵》，因信手开之，约以所开为韵作诗，偶得"子"字，因以为韵，作感怀诗。

孤单无聊，她随手翻开一本《礼韵》，以当下看到的"子"字为韵，写下了这首诗。

屋子里，窗户残破，桌椅陈旧，散发着从光阴深处飘来的陈腐气。没有平

生爱好的书籍，更没有书画，她的心也变得空落落的。

想三国时袁术兵败，走投无路，最后惨死，凄清悲凉，实实堪怜。自己目前的境况，和他多么神似。一念及此，真叫人黯然神伤。

怎么会走到这一步呢？因为人人都羡慕美酒佳酿（青州从事，指美酒），追求荣华富贵（孔方兄，指钱），熙来攘往奔波竞逐在滚滚红尘里，为些琐务杂事四处钻营，乐不知返啊。

明诚此次到莱州，重返仕途，所为何来呢？想想青州十年，虽无官职，却也不失人间至乐，乐在声色犬马之上，早已甘心老是乡！日子虽然清简了些，精神却闲散淡泊，其乐无穷。

功名、富贵、权位对她来说如浮云，她可以"食去重肉，衣去重采，首无明珠、翡翠之饰，室无涂金、刺绣之具"，只想和有情人做快乐事。对一个濡染在儒家文化之中的男子来说，修身、齐家、治国、平天下，是他们人生的四部曲。明诚素性冲淡，并无意于功名权位，他与她一样，爱好金石、书画、文物。可他不是一个至情至性到可以按照自我的方式去生活的人，时移世变，他还是走上了仕途。

男人把事业当生活，女人把生活当事业。这种矛盾，自古至今，从没有变过。

他在名利场中应酬去了，还是在风月场上应景去了？不得而知。

这个屋子只剩下我孤身一个，分外冷清。我不想卷入他们的生活，只关起门来，孤单地坐着。虚室生香，佳思易得。我只好写诗，聊以排遣内心的寂寞。

谁说我没有好朋友呢？一个是子虚，一个是乌有。合起来，便是子虚乌有，什么也没有。

他忙于公务，忙于应酬。她闭门谢客，吟诗作赋。往日里，为了一件难得的古玩，夫唱妇随、秉烛夜谈的情形，何时才能得见呢？

一个热心追逐，一个冷眼旁观。过往志同道合，今日已徘徊歧路了。

原以为，自己能够承受，到底是意难平。对自己的处境，她开始抱怨了。什么佳思，什么至交，其实是自我安慰，现在的我，真的一无所有。很寂寞。

其实你应当知道，最卑贱不过感情，最凉薄不过人心。

何况，这世上还有那么多诱惑。

李清照与赵明诚，伉俪情深，不假。志同道合，不假。夫妇而兼朋友之胜，不假。

但这一切并不代表他们之间没有罅隙。那个时代，哪个男子没有三妻四妾？《浮生六记》中沈三白与芸娘"愿生生世世为夫妻"，也没能抵挡三白随朋友到广东"打围"，流连欢场。

宋代社会蓄养小妾与歌妓蔚然成风。达官贵人与文人士大夫从不忌讳这点。韩琦官至宰相，"家有女乐二十余辈"；欧阳修也有"歌妓八九姝"；苏轼流放岭南时，一路追随着他的不也是懂得他"满肚子不合适宜"的红颜知己朝云吗？

宋词在宋代蔚然成风，不正是十七八女郎，执红牙板唱"杨柳岸晓风残月"推波助澜吗？

无论是在朝为官，还是在乡赋闲，身在这种情形下的赵明诚无法免俗。何况，现在的他，是莱州知州。在那个时代，一个女子有感情洁癖，才是异类。心里有万般不舍，千般难受，也只能委曲求全，在无人的黑夜里，打落门牙和血吞。

初婚，二人情投意合，幸福美满，虽有小别，却更为绸缪。

青州十年，相依相守，相惜相知，是她一生中的黄金时光。

那时他们在一起，他不可能蓄养侍妾，或是心有别属。

只是，在一起近二十年了，至今尚无子嗣。看着收藏巨丰的文物，赵明诚因"无子能保其遗余，每为之叹息也"。年近四十，却未能给赵家留下一男半女，她的心越来越寒，越来越虚。

一个没有子嗣的女子，在那个时候，就是罪人。她无法超脱，无法在那个天空下，抓着自己的头发，离开地球。

只有隐忍。因为太在乎，心里自然会有委屈，有怨气。

"多少事，欲说还休。新来瘦，非干病酒，不是悲秋。"当初送他赴莱州

时，她已经欲言又止了。

"念武陵人远，烟锁重楼"，一个是和仙女生活了半年，忘了家中的妻子；一个是双双携手飞升，脱离凡尘，只留下空空的秦楼。这些典故中传达出来的怨气和无奈，并非子虚乌有。

她只想做个淡泊的女子，遵从自己的心性，但求岁月静好、现世安稳。

他却终要举身赴红尘，遵从社会的规则，欲求功名在手、子孙传家。

情深伉俪，神仙眷属，在现实生活中，慢慢有了不和谐。

苏苍生

薄露初零，长宵共、永昼分停。绕水楼台，高耸万丈蓬瀛。芝兰为寿，相辉映、簪笏盈庭。花柔玉净，捧觞别有娉婷。鹤瘦松青，精神与、秋月争明。德行文章，素驰日下声名。东山高蹈，虽卿相、不足为荣。安石须起，要苏天下苍生。（《新荷叶》）

"生活不是小说，不是一点误会就要寻死觅活、分道扬镳——生活最真实的地方就在于，即便偶尔有些此起彼伏的矛盾冲突，也不是说放手就能放手的。小说里，人们在一起，不在一起，只有一个理由，便是爱或不爱。而生活中，婚姻里，除了爱，还有很多其他要素——比如亲情、比如责任、比如习惯。"

即使是有了罅隙，她也慢慢习惯了。

作为一个有见识、有胸襟的大家闺秀，她不可能执着于情感的歧途。更重要的是，他们还有共同的精神纽带，对金石字画的痴爱，一直都没有停过。

靖康元年（1126），赵明诚守淄州。在那里，赵明诚得白居易手书之《楞严经》，欣喜若狂。"因上马疾驱归，与细君共赏。"白居易既是唐代的大诗人，也是深通佛旨的居士，得他亲笔手写的佛经，绝非寻常。赵明诚迫不及待想将这份喜悦同李清照分享。在金石字画文物上，能堪称知音，能解其中味的，只有结发妻子李清照。

两人共赏这部《楞严经》，一直到二更时分。此间之至乐，实难为外人道矣。

她终究不可替代。

守淄州前，北宋的局势已然突变。

1125 年，金兵大举南下，直取北宋国都开封，宋徽宗慌乱之中，传位给钦宗。1126 年 12 月，金人攻陷开封。北宋的国势，已在风雨飘摇之中。

危如累卵的情势下，人人自危。

虽是一介女流，18 岁时作的两首和诗已显示出她不同流俗的胸襟与见识。正是一介女流，让她在这个天翻地覆的时代洪流中，只能寄情笔墨，无法投身其中。

她不是一个喜欢应酬的人，一直学不会、不自在。总是在人群散尽、灯光黯淡、杯盘狼藉之后，发现自己的疲惫、孤单和空虚。

她宁愿静坐、默想，或钻研、搜求。在自己的小世界里，做自己的王，自由、惬意。

身为知州夫人，应酬总是少不了的。

局势变了，有时，她也要参与这个世界。

这首《新荷叶》是一首寿词。

和一般寿词大多歌功颂德、虚与委蛇不同，她在词中流露出自己的恳切。

上片，侧面烘托、渲染。寿宴的富丽堂皇，寿主的名高位显已尽在其中了。下片，正面抒写。写寿主德行品性，同时寄托了自己的殷切期望。

"薄露初零，长宵共、永昼分停。"分停，意为昼夜平分，各占十二小时。寿主生日当在秋分之际，薄露初零，秋高气爽，是个吉祥的好日子。

"绕水楼台，高耸万丈蓬瀛。"蓬瀛，是神话传说中的三神山之一，居住在岛上的都是长生的神仙。她说，寿主所住的"绕水楼台"如同神山蓬瀛，宜人长生。既点明了寿主的居地有水有楼台，气势不凡，又说寿主如同神仙一般，一定是个长寿之人。

"芝兰为寿，相辉映、簪笏盈庭。"芝兰，喻寿主的弟子个个有品行，如芝兰玉树般。簪笏盈庭，则指所来祝寿之人，皆是朝中名望之士，非富即贵，挤满了庭堂。可见寿主是一个炙手可热的人物，其影响力非同一般。

"花柔玉净，捧觞别有娉婷。"寿主堂中迎奉嘉宾的歌儿侍女，柔艳娇美，娉婷多姿，亦非凡品。

　　词之上片，从时间到地点，从贤主到嘉宾，从门生弟子到歌儿舞女，无不围绕着"寿"字，处处突显了寿主非同一般的影响与地位。

　　"鹤瘦松青，精神与、秋月争明。德行文章，素驰日下声名。"此句谓寿主精神与秋月争明，内在修养高。德行文章驰名于京都，外在影响大，人缘佳。如此内外兼修之人，如今身在何处呢？

　　"东山高蹈，虽卿相、不足为荣。"如今寿主高蹈遁世，隐居林下，颇有当年谢安隐居东山的风范气质。"处江湖之远"，逍遥林下，就算是为卿为相者，也不及他的殊荣。"不足为荣"，也可以理解为寿主不以功名利禄为重，就算为卿为相，也不以为荣。他追求的是任性逍遥，淡泊自由。

　　"安石须起，要苏天下苍生。"安石，即谢安。史载，谢安隐居东山，朝命屡降而不动。后被征西大将军桓温请为司马时，中丞高崧对他开玩笑说："卿累违朝旨，高卧东山，诸人每相与言，安石不肯出，将如苍生何！苍生今亦将如卿何！"意思是，你几次抗旨，不出来做官，躲在东山游乐，人家拿你没有办法。你还是出来吧，苍生都盼着你"东山再起"。此处再用谢安典故，希望寿主出山，苏天下苍生，救国于存亡之际。

　　词之下片，从寿主的品性到德行，到济世之才，依次道来，典雅含蓄。虽有美誉，却不显矫情。尤其是"安石须起，要苏天下苍生"句，寄托了她对国计民生的深切关心，尤显恳切。

　　她的预言是正确的。仅仅一年之后，靖康二年（1127年）二月，金人废黜宋徽宗、宋钦宗，北宋灭亡。三月，宋徽宗、宋钦宗二位皇帝及三千多赵氏宗室、大臣被金兵押往金国，备受凌辱。五月，赵构在南京称帝，建立南宋。

　　靖康之耻，将"以天下为己任"的宋代士人抛入了痛苦的深渊。面临着如此巨变，他们迷茫彷徨，在人生的十字路口上，做出不同的选择。或在纷乱的现实中，陷入对故国往事的沉痛回忆，"试问乡关何处是，水云浩荡迷南北。"或壮怀激烈，奋起反抗，"待从头，收拾旧山河，朝天阙。"或不问世事，隐逸林中以自全，"唤取扁舟归去，与君同。"

　　时代风雨在李清照的词中并没有太多反映，她与赵明诚，依旧深陷于金石

文物的世界中。他们想远离政治，远离旋涡，政治仍然会影响他们，甚至是改变他们的人生轨迹。

　　这一切，无人能躲得过。

留旧寒

归鸿声断残云碧，背窗雪落炉烟直。烛底凤钗明，钗头人胜轻。角声催晓漏，曙色回牛斗。春意看花难，西风留旧寒。（《菩萨蛮》）

靖康之变后，成千上万的中原官员追随着皇帝赵构潮水般仓皇南逃。

1127年三月，赵明诚母亲在江宁去逝，赵明诚须离任回江宁奔丧。

他们不得不考虑如何处置十余年来在青州、淄州搜集整理的金石文物。这些金石文物凝聚了他们近半生的心血。每次面对它们时，一种历史气息扑面而来。在他们的展玩下，仿佛有无数生命从文物中走出来，和他们细诉历史的变迁与沉浮、辉煌与没落，还有人世的无常，宇宙的苍茫。

它们是一块块精神化石与丰碑。失去它们，就像失去了根。人与历史之间的脐带被割开，生命终将枯朽。一个真正懂文物的人，才能体味失去它的至悲至痛。

古希腊的一位文化部长说："我希望巴特勒文物能在我死之前回到希腊，如果在我死后回来，我一定复活。"

满目疮痍，烽烟四起，人尚在仓皇中奔命，又如何顾得了这些需加倍小心、极难护送且数量庞大的金石文物？

此时，他们的凄惶，都写在了《〈金石录〉后序》中：

至靖康丙午岁，侯守淄川，闻金寇犯京师，四顾茫然，盈箱溢箧，且

恋恋，且怅怅，知其必不为己物矣。建炎丁未春三月，奔太夫人丧南来。既长物不能尽载，乃先去书之重大印本者，又去画之多幅者，又去古器之无款识者，后又去书之监本者，画之平常者，器之重大者。凡屡减去，尚载书十五车。至东海，连舻渡淮，又渡江，至建康。青州故第，尚锁书册什物，用屋十余间，冀望来春再备船载之。十二月，金人陷青州，凡所谓十余屋者，已皆为煨烬矣。

明诚先携部分文物至江宁，李清照孤身留在北方，准备将留在青州、淄州的文物第二年再运往江宁。只是他们再怎么"且恋恋，且怅怅"，这些文物终究没有保住。十二月，金人陷青州，十余屋的文物都在战火中化为灰烬了！

李清照只身前往江宁，此时赵明诚虽在丁忧期间，却破例任江宁知府。

带着丧失文物之痛和一路奔波的仓皇，到了江宁的李清照，全无意绪。

这首《菩萨蛮》写于此时，词中写了她在异乡度过人日的景况，思乡愁和家国忧，隐隐蕴含在其中。婉约的风格依旧，在词境上却有了往日所没有的宏阔。已经四十五岁的她，无复往日精致的脆弱与无谓的忧伤了。种种人生况味杂在一起，让人有点欲说还休。

人日，即每年的正月初七。据宗懔《荆楚岁时记》记载，两汉魏晋时江南一代的人日习俗是："正月七日为人日，以七种菜为羹，剪彩为人或镂金箔为人以贴屏风，亦戴之头鬓。又造华胜以相遗。"正月初七这天，人们将七种菜合煮成羹汤，食之，可以祛病避邪，并用五彩丝绢或金箔剪成人的形象贴在屏风上或戴在鬓发上，作装饰避邪，或剪纸花互相馈赠。如果这一天天气晴好，则意味着未来一年人事和悦、吉祥平安。文人学士则喜欢在这一天登高赋诗。

李清照在人日这天，却停留在挥之不去的寂寥里，提不起兴致。

已是薄暮时分了。抬头可见丝丝残云挂在天际，留恋着不肯离去。辽阔长空里，有点点归鸿，凄厉的叫声随着远逝的影子若有若无。这只雁，是否是旧时相识？"雁过也，正伤心，却是旧时相识。"若果如此，它是否带来了故乡

的消息？想北方，此时应该还在天寒地冻时节吧？站在这里遥望着北方，心里只觉一阵凄凉。

回屋吧，外面太冷。

背窗的雪已经落了，架不住屋内的阵阵暖意。屋内，炉烟袅袅，直直向空中飘去。这个日子，本来是热闹的，她却恹恹的，毫无意绪，一个人待在室内，守着一炉烟，呆呆出神。心底有莫名的怅惘，时间悄然流去。最后的一线光从窗外隐去，黑夜在指尖流淌，人有一种被淹没的感觉。

映着微弱的烛光，人在静寂里低头不语。烛影下，钗头上贴着的人胜轻轻摇了一下，显得分外轻盈落寂。我躲在季节的深处，听着外面的喧嚣，还有乐声。听人们唱尽繁华，唱断所有记忆的来路。故乡，离我越来越远了。

又闻号角声，一声声催着更漏。天色渐明，曙色已开。牛斗星已隐在曙光中，渐渐消失。

声声号角，听着胆寒。裹着战火的气息，心瞬间紧缩了起来。

一夜无眠。

春天快来了，我的心却忧伤起来。今年怕是再无看花的兴致了。不信，你听，飒飒西风并没有离去，还残留着旧年的寒。

偏安一隅的南宋小王朝，只会一意退避下去，再见昔日的辉煌与春光，何其难！

凛凛"金风"涤荡着大地，所到之处，摧枯拉朽，寒意森森。回春，怕是无望了。

"角声催晓漏，曙色回牛斗"，意境苍凉，视野宏阔，突破了她往日局限于个人情感小天地的束缚。经霜后的生命，历炼得更有韧性了。

这个人日，时间从黄昏到深夜，从深夜到天明，不断流转。空间上，从室外到室内，复从室内到室外，循环往复。她淡淡地说，我们淡淡地听。越是有故事的人，越从容沉静。经历了沧桑巨变的人，有种被岁月沉淀后的洗练与纯粹。此时此刻，什么也不想说。

漫天弥漫的沉静中，一个人更容易看到时间，看到自己的内心。

人的适应性是很强的。一个国如此，一个家如此，一个人更是如此。

大金的铁蹄踏破了北宋的旧梦，偏安金陵的南宋，在经历了短短的阵痛后，依旧沉醉在苟安中。在没有更大的巨变来临之前，李清照与赵明诚的生活也渐渐恢复了常态。她心中积聚起来的哀愁也渐渐淡去了色彩，成为一种习惯。

人的生活轨迹如同小波浪线，偶尔上扬，偶尔下坠，但终会回到平淡生活的直线上来。只不过有的波纹频繁，有的线条舒缓，但终会回来。

没有太热血的上扬或飞跃，没有太堕落的崩溃或撕裂。

每个人都固执地坚持着自己不想这样过的生活。

每个人都对自己和别人不满意，每个人和别人都不开心。

有的人害怕空虚，其实空虚才是生命中不可承受之轻。

直到另一个转折，将沉睡在其中的人惊醒，狠狠地将他们抛在离乱的洪流中。

Chapter 06

南 渡

金人的铁蹄踏破了家园，李清照不得不追随着皇帝逃亡的方向，来到了建康。

在建康近两年的时间里，她心绪起伏难宁。词中充满去国怀乡之思，漂泊零落之悲，年华老去之叹。但这些依旧拘泥于个人情感天地。

如果你读了她此时写的诗，你会看到一个完整的李清照。

在诗中，她呼唤着两个字：气节！

士无气节，则国势奄奄以就尽。南渡的小朝廷无心收拾旧山河，旨在偏安，旨在求和，一点点民族气节在抗金名士的身上依稀闪烁，偏又遭毁灭打击。

命运颠沛，最能看出一个人的气节，也最需要气节。

她无法践行，但她比以往任何时候都渴望着。

她作诗讥讽当朝的士大夫，说"南渡衣冠少

王导，北来消息少刘琨"。

前一句借用了《世说新语》中的一个典故。东晋王朝初建时，从北方南渡的士大夫们常常聚会饮酒。一次聚会中，大家望着异乡江南的风景，不由得想起了北方的家乡中原。落泪感伤中，宰相王导激愤地说："当共戮力王室，克复神州，何至作楚囚相对！"与其沉浸在悲哀中自比囚徒，不如振作起来，横刀立马，恢复旧山河。

后一句中提到的刘琨，也是南北朝时北方的爱国志士。与祖逖一起闻鸡起舞，意欲北伐的那个人，就是他。晋室南渡后，他积极防御，是抗敌的精神支柱。

她期望南渡的宋朝士大夫，以王导和刘琨为旗帜，从家国之痛中奋起，用行动恢复旧山河。这种不让须眉的铮铮气概，是当时许多但求苟安的士大夫所无法企及的。

"一点不忍的念头，是生民万物之根芽；一段不为的气节，是撑天撑地之柱石。"她用自己微弱的声音呼唤着这个时代最需要的"气节"。

令人心寒齿冷的是，自己的丈夫赵明诚，在关键时候，偏偏为了保命，丢了气节。

赵明诚任江宁知府期间，有人图谋不轨，发动叛乱。当时赵明诚虽即将调任湖州知州，但人仍在江宁府。危急时刻，他选择了事不关己，甚至在叛乱发生之际，"缒城宵遁"。生死危急关头，他居然从城墙上吊下一根绳子，逃命去了。

一个儒者，一个士大夫，一个优秀的金石家，一个她视为知音千载的好丈夫，竟然作出这样的选择。我想，当时她的心一定痛苦到麻木。她不相信，不接受，试图将它视为一场误会，一个噩梦，可当朝廷的处罚下来时，她知道这就是事实。

她能如何呢？这是她的丈夫，是她生死与共、祸福相依、知音相惜，给过她幸福和安宁的丈夫。她无法严苛。也许，接受这个任命与安排，本身就是一个错误。他有万般好，却不是一个在乱世中用铁血与意志力挽狂澜的伟丈夫。他始终是一个儒者，一个文人，一个在血与火的考验中会不由自主发抖的柔弱书生。上行下效，宋徽宗慌乱之中，传位给钦宗。他在金人的追赶下一路南逃，何曾有过铁血意志和铮铮作响的气节？缺血，一直是宋代自君至臣的通病。

苦难可以试验一个人的品格，非常的遭遇可以显出非常的气节。

试出来了，只会让她更加明白人性的复杂与现实的残酷。结果，她需要更大的意志和勇气去试着接受，接受人生中的不完美和残缺。

但她对有"气节"的士人的仰望，从来没有停止过。

建炎三年（1129年），李清照与丈夫前往芜湖。沿江而上经过和县乌江——楚霸王兵败自刎处。看着仓皇南遁的北兵，还有和兵士一样仓皇逃跑的君臣，她写下《夏日绝句》：

> 生当作人杰，死亦为鬼雄。
> 至今思项羽，不肯过江东。

活着，就要活出一点精神，成为人中之杰。死，也要死得慷慨，即便做鬼，也要做鬼中之雄。直到今天，我还深深理解项羽，宁可乌江自刎，也不忍辱偷生，灰溜溜地逃到江东。

"宁鸣而死，不默而生"，有风骨、有气节，才是板荡时局中真正的英雄，精神的贵族。这也是李清照心目中真正的"士"。

她一反前人"包羞忍耻是男儿"的论调，高扬项羽宁死而不肯过江东的慷慨气节，清艳而又刚烈。"铁马秋风大散关"的北方水土，滋养了她的阳刚气质。这一点刚性，贯穿在她生命中，让她活得更像她自己，活成独特的一个，而不是像众多颟顸之徒一样，淹没在时光的洪流之中。

事业文章，随身消亡，唯精神万古不灭；功名富贵，逐世转移，而气节千载如斯。

深以为是。

梦长安

永夜恹恹欢意少。空梦长安，认取长安道。为报今年春色好，花光月影宜相照。

随意杯盘虽草草。酒美梅酸，恰称人怀抱。醉里插花花莫笑，可怜春似人将老。

——《蝶恋花》

这首词当是赵明诚任江宁知府时，在上巳节这天宴请亲族时所作。

人日时她初到江宁，心境不佳，故而感叹"春意看花难，西风留旧寒"。上巳是三月三日，一个"招魂续魄，拂除不祥"的特殊日子。亲族相聚在异乡，更像是对旧时光的不舍与祭奠。

世间最让人难以消受的，是对美的祭奠。

李清照的这首词充满了祭奠意味。祭奠故国故土故人，祭奠已逝的青春，祭奠将逝的年华，祭奠一种感慨莫名的心境。

"永夜恹恹欢意少，空梦长安，认取长安道。"这是在祭奠故土。

风雨飘摇中，旧国安在？家安在？

一路追随南宋宗室逃窜的步伐，从江北到了江南。

夜太漫长，无休无止。人心中仅有的一线光明、希望和欢娱，被黑暗挤压得近乎窒息。近来频频做梦，梦里始终都是繁华汴京。梦见大相国寺，她和明诚携手淘金石。梦见元夜时，花市灯如昼，一夜鱼龙舞。梦见宽阔的御街，繁华永不落幕。林立的瓦肆，充满诱人的市井气息。走进汴京，就像走进了张择端所绘的《清明上河图》。

都过去了。

124

如今只能在异乡的梦中，认取那依稀隐约的街道巷陌，还有日落时分，那条回家的路。

"为报今年春色好，花光月影宜相照。"还是醒醒吧，旧梦再好，终是空。人不能总是活在梦中。有人来说，今年的春色甚好，何不放开襟怀，享受当下的春光呢？花光月影，婆娑妖娆，再不相赏，恐怕就成辜负了。她是在给自己找安慰，强要说服自己从长安旧梦中醒来，拥抱当下。

用今日之欢告慰昨日之失，才是对过往最好的祭奠。人，总要在漫漫旅途中一直向前走下去。

"随意杯盘虽草草。酒美梅酸，恰称人怀抱。"说服自己，加入这个世界当中来。情怀清简，不至于放纵满溢，忘乎所以。随意杯盘，不拘泥于隆重的形式，重要的是亲友相聚畅怀愁。酒很美，梅子酸甜，不铺张不奢华，恰称人旧日情怀。

简简单单，清清白白，沉静节制，这个节日，这样过挺好。

"醉莫插花花莫笑，可怜春似人将老。"最终是忘了情，忍不住多喝了几杯。醉了不要像往日在汴京时那样，插花头上，招来花的取笑。管它呢，就是插了花在头上，劝花也莫要笑。这样的春光，这样的相聚，这样的日子，谁知道还能有几回呢？国不像国，家不像家，人生如寄，谁也不知道今日醉去，明日醒来又在何处？

也许还能相聚，还会重逢，只怕那时早已是物是人非，人生迟暮，徒增歔歔而已。逝水流年中，无常的魅影紧紧追随，谁又能逃脱？

有版本作"醉里插花花莫笑"，私意以为这样更好。"醉莫插花"，带着一种节制的清醒与拘束，明知青春将逝，美好难再，还这样冷静，少了几分真性情。"醉里插花"，放纵得美，荒唐得美。用笑容祭奠我们的悲伤，更显其悲。末日的狂欢，更能震撼人心。

在故乡的黄花中，微醺着，老去。这是对现实冰冷的诗意超脱，对往日美好的真情祭奠。

祭奠故梦里棣棠烨烨子衿青青，祭奠良夜里金石共赏赌书泼茶。祭奠往日里跌跌撞撞起起伏伏，祭奠此一时战事频仍世事多变。祭奠前途念如初见不复

旧年，祭奠已逝未逝的所有。

何谓"上巳"？

早在周朝，每逢三月的第一个巳日，人们要到水边去祭祀，并用香熏的草药沐浴。后来人们称之为禊。《周礼·春官》说："女巫掌岁时祓除衅浴。"

用来香熏的草药，通常是兰草。兰汤沐浴，香气袭人，隆重而又浪漫的仪式。《诗经·溱洧》中有："士与女，方秉蕳兮"，人人手中都拿着祈福的兰草，想和神签下契约，将心中的所有美好的夙愿植入他的心田。

彼时的上巳更像是一种仪式，一种宗教。

就连孔子，最美好的理想也是这场春日之会。"暮春者，春服既成，冠者五六人，童子六七人，浴乎沂，风乎舞雩，咏而归。"

在自然的春天里，天人合一，做一个幸福天真的儿童。

这个节日除了宗教作用，还产生了意想不到的好处。

少男少女趁着这个时节相爱了。祈福消灾的风俗转变为爱的欢会，自然的春天转变成爱情的春天。

当时的周王朝以法令的形式肯定这种风俗，不遵守者还要受罚。"仲春之月，令会男女，于是时也，奔者不禁。若无故而不用令者，罚之。司男女之无夫家者而会之。"在这个爱情的春天里，不从事爱情活动将受到惩罚，这真是人类历史上的神来之笔。

在先民心目中，这一切自然而圣洁。春天万物交感、阴阳和合，人们在春日祭祀时欢会，不正是对自然界春生夏长之规律的模仿吗？

律己的坦诚、理想的浪漫、宗教的神秘、自然的定律，一切如水乳般交融了。最美最有代表性的莫过于《郑风·溱洧》。

> 溱与洧，方涣涣兮。士与女，方秉蕳兮。女曰"观乎？"士曰"既且。""且往观乎！洧之外，洵訏且乐。"维士与女，伊其相谑，赠之以芍药。
>
> 溱与洧，浏其清矣。士与女，殷其盈兮。女曰"观乎？"士曰"既

且。""且往观乎！洧之外，洵訏且乐。"维士与女，伊其将谑，赠之以芍药。

到了魏晋时代，上巳节有了更为浪漫的意义。

它已经不是情人间的生命狂欢，而是文人雅士们的风流云聚。这天，皇室贵族、公卿大臣、文人雅士临水宴饮，众人坐于环曲的水边，将盛着酒的觞置于流水之上，任其顺流漂下，停在谁面前，谁就要将杯中酒一饮而下，并赋诗一首。魏明帝曾专门建了一个流杯亭，东晋海西公也在建康钟山立流杯曲水。

历史上最著名的一次"曲水流觞"是王羲之与其友在会稽举行的兰亭之会。这次兰亭会，王羲之不但留下了千古的书法，更留下了锦心绣口的文章：

> 永和九年，岁在癸丑，暮春之初，会于会稽山阴之兰亭，修禊事也。群贤毕至，少长咸集。此地有崇山峻岭，茂林修竹，又有清流激湍，映带左右。引以为流觞曲水，列坐其次。虽无丝竹管弦之盛，一觞一咏，亦足以畅叙幽情。
>
> 是日也，天朗气清，惠风和畅。仰观宇宙之大，俯察品类之盛，所以游目骋怀，足以极视听之娱，信可乐也。
>
> 夫人之相与，俯仰一世。或取诸怀抱，悟言一室之内；或因寄所托，放浪形骸之外。虽趣舍万殊，静躁不同，当其欣于所遇，暂得于己，快然自足，不知老之将至。及其所之既倦，情随事迁，感慨系之矣。向之所欣，俯仰之间，已为陈迹，犹不能不以之兴怀。况修短随化，终期于尽。古人云："死生亦大矣！"岂不痛哉！

现代人苦苦追寻的浪漫在哪里？我认为，人生的浪漫以此为甚。

是真名士，自风流。

人生任何美好的享受都有赖于一颗澄明的心，当一颗心在低劣的热闹中变得浑浊之后，它就既没有能力享受安静，也没有能力享受真正的狂欢了。

不成归

夜来沉醉卸妆迟，梅萼插残枝。酒醒熏破春睡，梦远不成归。

人悄悄，月依依，翠帘垂。更挼残蕊，更捻馀香，更得些时。

（《诉衷情》）

时间会让一切变得能够适应。

南渡的伤痛时时泛起，但生活就是生活，再多艰难再多波折，还是得一步步走下去。

如果你掉进了黑暗里，你能做的，不过是静心等待，直到你的双眼适应黑暗。然后，再试着在黑暗中摸索，寻找能够指引你走出去的一线光明。

她只是一个女人，对这个国家，虽心有筹谋，却无用武之地。只能在寻常的日子里，面对该面对的，做自己能做的。

明诚知江宁府（南宋时又称金陵，后改建康）已有一段时间了。每次听闻朝政时局后，她都会忍不住心惊，忍不住内心激起微澜，之后，慢慢平息。

早已过了不惑之年，可她骨子里依然有一种天真的东西。这个东西，让她不够合群，也不容易快乐起来。这个东西，也让她能够在浑浊的人世，临水照花，自得其乐。

据宋人笔记《清波杂志》载："明诚在建康日，易安每值天大雪，即顶笠披蓑，循城远览以寻诗。得句，必邀其夫赓和，明诚每苦之也。"

在大雪天里，顶笠披蓑去寻诗，多么浪漫的情怀。此时她是否会想起谢氏家族在雪中的风流？侄儿的"撒盐空中差可拟"诚不如侄女谢道韫的"未若

128

柳絮因风起"，一个才女的情思倒在其次，那种在皑皑白雪中飞扬的满怀诗情与风流洒脱，实在让人神往。大观园里一场雪，怡红公子与金陵十二钗吟诗联句，亦为人生至乐。琉璃世界里，宝玉向妙玉讨来的那枝红梅，妖艳得逼人。

偏偏这些都发生在金陵。

不甘心无法摆脱的庸常与麻木，一个敏感的人总会在单调中发现异色，发现美。那样，才能证明自己还有一颗不死的心，还活着。只是，此时的明诚，也无复往日在青州时赌书泼茶的情怀了。一是事多，二是无心。从前之至乐变成现在难以应付的苦。这到底是一种成熟，还是一种世故？是一种冷静的理智，还是浑浊的迟钝？

是自己要求太高？还是太天真？

无法改变了。更多的时候，还是自己一个人安静地坚强，安静地过。

这首《诉衷情》便是这种心境的写照与产物。

"夜来沉醉卸妆迟，梅萼插残枝。"又见酒，又见梅。李清照爱酒，诗里散发着酒的醇香。也爱梅，这枝梅从豆蔻的清纯直到暮年的萧瑟，一直陪伴着她，不离不弃。

她又喝酒了。没说为什么要喝，只说夜里因喝得太多，太醉，妆也懒得卸去便睡了。就是没醉，也不知道有没有兴致卸妆了。醒来后，插在发髻上的梅花瓣被压得散落在枕上，枝干上唯余梅花蕊，狼藉落寞的样子。

"酒醒熏破春睡，梦远不成归。"这枝梅太香，熏破了她的梦。她曾怪桂花"熏破愁人千里梦，太无情"，这里又怪起了梅。其实，都是因为自己的心绪不佳。她喜欢的应该是含蓄内敛、细水长流的清香，像她一样。梅香熏破了她的梦，梦太虚幻，太遥远，无法借她一双脱离沉重肉身和现实的翅膀，让她可以回到想去的地方——旧国或是汴京。

往昔太美，今朝太冷，想得到一点温暖力量，只能到旧梦里去寻，去回味。却又被熏破，无聊无绪更甚。

下片，果真更是无聊无情无绪。

良辰美景奈何天，赏心乐事谁家院？似这般都付与断井颓垣了。此时此

际，她实在提不起兴致，以欢喜心投入到生活中去。这个夜，该怎么过？

"人悄悄，月依依，翠帘垂。"一切都沉睡在夜的怀抱里，人睡了，鸟睡了，花睡了，唯一轮孤月，陪伴着她这个在深夜无法安眠的人。翠帘低垂，她能做些什么呢？只有待在室内。"更挼残蕊，更捻馀香，更得些时。"

轻轻揉搓着梅的残蕊，揉着漫漫长夜的光阴，夜太黑，夜太长，想将它碾碎。手上沾着些梅的余香，她嗅了嗅，好像也没有刚醒时那样馥郁了。如此无聊、重复，时间又缓缓流过了一些。

一个人，在寂寞里，独守凄凉，独饮离殇；一个人，打发无可言说的寂寞，打发无奈的静谧的时光。想起以后还要这样过好多年，真是让人恐慌。唯一可以让她的生活变得有意义的金石，在离乱时世中，得到与保存，都成了一种奢侈。

"更挼残蕊，更捻馀香，更得些时。"三个"更"字叠加，有种急管繁弦般的促迫。这种促迫更显出她内心的空寂与无聊。李清照善用叠字，前面见过"甚霎儿晴，霎儿雨，霎儿风"，后面即将出场的"寻寻觅觅，冷冷清清，凄凄惨惨戚戚"，皆属于此列。她的叠字运用，带有浓烈的女性气息，充满感性的细腻与女性的直觉。情感在这种叠字中似乎要满溢。若从一个男子的口中说出来，显得有些矫情。

白云苍狗，世事无常。悠悠时光看似漫长，不过是白驹过隙，忽然而已。

曾经鲜衣怒马的少年，已卧黄土陇中；曾经容颜如花的少女，已是枯骨一堆。那些恩恩怨怨的悲欢离合，都只变成了街头巷尾人们打发闲暇的故事。

人终究不敌光阴。太过漫长，又太过短暂；太过苍凉，又太过绚烂。

除非醉

风柔日薄春犹早，夹衫乍著心情好。睡起觉微寒，梅花鬓上残。故乡何处是，忘了除非醉。沉水卧时烧，香消酒未消。（《菩萨蛮》）

　　一个人若太注重财产、地位、子女，或是朋友、社会关系，他的重心便会随着欲念和幻想不断改变位置，他不大会把重心放在自己身上。

　　财产、地位、子女她都不介怀，朋友和社会关系，她并不热衷钻营。她的重心，是金石，是情感及情感波及的内心。

　　她总是沉溺于自己的内心，捕捉它微妙的情绪波动。

　　南渡前她的情绪波动围绕着明诚的去留，南渡后最开始的那段时间里，她的情绪波动一直围绕着故国故土。

　　这首词是她在金陵所作。

　　她嗅到了春的气息。

　　风，是轻柔的，犹如一双温柔手，抚摸着它遇到的每个人。日，是和暖的，还没有露出凌厉的气象。春尚浅，像柳梢头酝酿的新芽，等待绽放。这样的时节，穿着夹衫，心情正好。可你别被她的好心情骗过了。

　　情绪真是个微妙的东西，上一秒还漫步云端，下一秒就跌落尘埃。

　　"睡起觉微寒，梅花鬓上残。"也许是因为刚刚睡起的缘故，忽然感觉到丝丝寒意。这点寒，迅速从身体传递到心里。看着刚睡起镜中的自己，鬓上的那朵梅花，已经凋残。这已经不是那枝"春欲放"的梅花了，正像历经了风

131

雨流年的自己。想到这里，心中涌起一种悲哀和惊惧。

我惊讶于她情绪的深刻和细腻。看不见的情绪隐藏在看得见的事物之中，微妙流转，不着痕迹。春天的早上，初着夹衫的欢悦稍纵即逝。微微泛起的寒意，却让她看到了镜中的自己。鬓上的一朵梅花，让她看到了生命的脆弱，流年的诡异。一个静静的姿势下，掩藏着多少起伏和波澜。

乍喜还悲的情绪，乍暖还寒的心境，细腻微妙，一颗粗糙的心体会不到，也传达不出。她的女性特质再次镌刻在词里。男子作闺音，可以摹写女子的态与形，甚至是她们的小心思，却写不出这种敏感与细腻，一种带着体温的微妙情绪。

她的悲伤还在蔓延。

"故乡何处是，忘了除非醉。"故乡，一个她不敢轻易触碰的字眼，她怕一说出来，就会流出眼泪。可她终于忍不住说了出来。此前，她说"空梦长安，认取长安道"，说"梦远不成归"，绕着弯子不碰"故乡"两个字，此时情感酝酿到了极致，实在无法再控制下去，她简直是在呼喊：故乡何处是，忘了除非醉！

回不去的故乡，也忘不掉。

能怎么办呢？除非醉。

"醉乡路稳宜频到，此外不堪行"这是宋之阶下囚、南唐的亡国之君李煜在回首故国而无望的情形下，给自己开出的药方。一个"词中之帝"，一个"婉约词宗"，隔着并不太遥远的时空，呼应。

卧时烧的沉水香，已经燃尽，香气全无。酒却醉得太深，还残留着醉意。

醉深，是因为愁浓。喝酒，是她对故乡的祭奠与忘却，眷恋与不舍。情有多浓，醉有多深。香消酒未消，是必然的。

这忧愁如何能解。清风吹乱了窗纸上的柳痕，吹不散我心头的乡影。

这个春天的早上，她只能以自己特有的方式、以女性的柔弱与细腻告慰故乡，告慰自己漂泊的灵魂。

她无法像其他南渡词人那样慷慨激昂，而是将悲伤碾碎了，揉细了，温柔地铺洒在心灵的水域。朱敦儒作为一个翩然的北客，他"回首妖氛未扫，问

人间、英雄何处？奇谋报国，可怜无用，尘昏白羽。铁锁横江，锦帆冲浪，孙郎良苦。但愁敲桂棹，悲吟梁父，泪流如雨。"张元干望"满湖烟水苍茫"，"欲挽天河，一洗中原膏血。两宫何处？塞垣只隔长江，唾壶空击悲歌。万里想龙沙，泣孤臣吴越。"岳飞"抬望眼，仰天长啸，壮怀激烈"，只欲"待从头，收拾旧山河，朝天阙。"男儿的豪雄本色，酣畅淋漓。

也无法做一个逍遥的隐者，"诗万首，酒千觞。几曾着眼看侯王？玉楼金阙慵归去，且插梅花醉洛阳。"偕隐皆风流，从来都是男子的选择。

她只能婉约地诉说着自己的悲伤。

幸亏还有酒，可以用来安慰自己。

酒中有深味。自古以来，一直如斯。

酒以成礼，它是宗法社会中传达脉脉温情的媒介。经过了一年的辛劳，他们会以美酒犒劳自己和亲人——"八月剥枣，十月获稻。为此春酒，以介眉寿。"表达自己的诚意和敬意，他们会奉上美酒——"我有嘉宾，鼓瑟鼓琴。鼓瑟鼓琴，和乐且湛。我有旨酒，以燕乐嘉宾之心。"

酒以壮怀。辛弃疾"醉里挑灯看剑，梦回吹角连营"；苏东坡看破了"人生如梦"，以"一尊还酹江月"。曹操和刘备"煮酒论英雄"；四面楚歌中，项羽起身帐中饮酒，唱着"骓不逝兮可奈何，虞兮虞兮奈若何"，引刀成一块，不负少年头。

酒中有深情。在一个将要下雪的黄昏，若有一个朋友邀你与之共度，"绿蚁新醅酒，红泥小火炉。晚来天欲雪，能饮一杯无？"也算得上人生极乐。

酒中有诗意。南唐李后主宁愿弃皇权帝位于不顾，作一个渔父，"花满渚，酒满瓯，万顷波中得自由。"

酒可以消忧。有"周公吐哺，天下归心"之志的曹操说"何以解忧，唯有杜康"。绣口一吐、就是半个盛唐的李白说"五花马、千金裘，呼儿将出换美酒，与尔同消万古愁"。竹林七贤、魏晋风度，都是用酒浸泡出来的。

带有浓浓性别意味的酒，如今却被李清照捧了出来，一杯一杯，浇着自己的乡愁。

多少事

庭院深深深几许？云窗雾阁常扃。柳梢梅萼渐分明。春归秣陵树，人老建康城。

感月吟风多少事，如今老去无成。谁怜憔悴更凋零。试灯无意思，踏雪没心情。

《临江仙》

　　胡马饮河，宋室南渡，她仍在建康城。

　　飘零之感，家国之恨兼年华空度之悔，百感交集，忧苦丛生。明明快到了"知天命"的年岁，却不知自己的天命到底由谁主宰。未来像一个巨大的谜，让人充满了不安和惶恐，无助无奈却又无能为力。

　　既不能运筹于帷幄之中，更不能决胜于千里之外。她只能用一个女子的方式，诉说着她的忧虑和关爱。

　　词境也因此而注入了苍凉的因素，从小儿女的私情中走出来，放眼望了望外面的世界。

　　"庭院深深深几许"，三字叠加，一个反问，不知其深何极！院深，是心门闭锁的映射。所以，当你看到接下来的这句"云窗雾阁常扃"，不必吃惊。心门闭锁者，心里都藏着太多故事。要么不想说，如鱼饮水，冷暖自知；要么不必说，说了也无济于事，多说何益？

　　门窗尽管紧闭着，还是挡不住春的脚步。你看它，硬是挤开了一条缝，钻了进去，在柳梢上，在梅萼里，探出了头。"柳梢梅萼"，挣脱了冬的束缚，眉眼已舒展得渐次分明。春，到底还是回来了。

　　"春归秣陵树，人老建康城。"秣陵和建康，都是南京的古称。这里用了

一个"归"字，很妙。就好像这里是春天的家，它只是暂时离开了一下，到了季节，它就回来了。春去了，还可以回来，自由自在。人离开了，却再也回不去。她想念汴京，想念故乡，如今却漂泊在外，人老建康城。两相比较，春天带来的感觉实在微妙，伤心。

回不去的，不只是故乡，还有青春。人在时光的层幕中渐渐老去，不可逆转。

在心境低落的状况下，春天来了。

·

春天来了，她的心境仍旧低落。

"感月吟风多少事，如今老去无成。"这句话，意思很丰富。春天，正适宜吟赏风花雪月，只是如今人已老去，情怀难再，此其一；往日春天里，多少感月吟风的风流情怀，已变成斑驳的旧梦，仅供今日凭吊。今日之我，老去无成，此其二；千秋家国，盛衰无凭，人在其中，徒唤奈何，此其三。

时至南宋，曾经生活了二十多年的汴京，既是她难以磨灭的记忆，也是她难以消除的隐痛。失去的一切，都是美好的。得不到的，唯有悔恨。她的痛与悔，真切而自然，无止也无休。

"谁怜憔悴更凋零。"她越发憔悴，也越发凋零了。扎不下根的土壤上长不出明艳的植物，沉在旧梦中的人体会不到当下的快乐。尽管此时此刻，外面一派热烈的景象。元宵节快到了，外面飘着雪。而她呢？试灯无意思，踏雪没心情。

往日里，每逢大雪，辄出城觅诗，现在她却没有什么心情。

元宵灯节，该是难得的盛会，往日里，早已按捺不住雀跃，早早试灯，现在也觉得无意思。

三春美景，到底成耽搁。

试灯，正月十五为灯节，节前预赏为试灯。《武林旧事·元夕》载："禁中自去年九月赏菊灯之后，迤逦试灯，谓之预赏。"民间也一样，从九月到下年元夕，将自家制的灯拿去挑选、评比，评出最优者以备元夕用。

李清照提到了旧时南京的节令习俗。

"我在世上已经了无牵挂，只对于时序节令的推移，还不能忘怀。"时序节令以及配合着每个节令的习俗，是宗法伦理社会中最温暖的人间情怀，是人与人、人与神、人与自然沟通的脐带，是人在充满劳绩的大地上寻找的庄重和诗意。无法忘怀，更不能忘怀。

金陵的节俗，更富有特别的意义。

金陵是王气聚集的地方。六朝古都之盛事，王谢家族之风流，乌衣巷口的夕阳缓缓落下，朱雀桥边的野草摇曳风中，每一堵城墙，每一块石头，每一个巷陌，每一条河流，都是历史，写满传说。南宋在金的追赶下，一路南下，到了金陵，李清照最终定居在临安。

金陵人永远有一种浪漫主义精神。他们爱喝酒，不同的时令，喝不同的酒。端午有"菖蒲酒"，重阳有"菊花酒"，春风送暖，则喝"屠苏"。他们爱赏灯，九月赏菊灯，元宵赏各式各样的花灯。

世道如何艰难，也不忘在夹缝中享受生活。

成千上万的人一边怀抱着收复中原的梦想，一边在南方继续着他们的生活。

此时的李清照，却找不到一点兴奋起来的理由。

她用唯一的一点雅兴，写了这首词。

词前有一个别致的小序："欧阳公作《蝶恋花》，有'庭院深深深几许'之句，予酷爱之。用其语作'庭院深深'数阕，其声即旧《临江仙》也。"她说自己太喜欢欧阳修三个"深"字的叠加法，忍不住技痒，拟作了几首。对欧阳修的词，她原本颇有微词，说他"皆句读不葺之诗尔，又往往不协音律者"。对他的好，她也能公正对待，由衷折服。这就是宋人的气度。

李国文先生说："那个时代的文学大师门，处于辽阔宏大的日月天地之间，心胸要自由开阔许多，处于疏朗宽松的人文环境之中，襟怀也就要坦荡赤诚一些。"所以欧阳修有"奖进人物，乐善不倦，一长之得，力为称荐"的知人善任，有"平生笃于朋友，襟怀洞然，无有城府"的真诚，有"放他出一头地"、为苏轼推开未来之门的眼光和格局。

于是，也有了李清照这样一个词中之女帝，婉约派之词宗。

　　为什么中国历史上唯一一位在文学上千古流芳，唯一一个可以与男性抗衡的古代女词人，偏偏出现在宋代？

　　宋代给了她磨难，也给了她成全。

更凄凉

寒日萧萧上琐窗，梧桐应恨夜来霜。酒阑更喜团茶苦，梦断偏宜瑞脑香。

秋已尽，日犹长，仲宣怀远更凄凉。不如随分尊前醉，莫负东篱菊蕊黄。（《鹧鸪天》）

这首词很可能是明诚罢官，夫妇二人至池阳后所作。

伤完了春，又要悲秋。

国不是国，家不成家，很难有什么可以让人振奋了。世间事，除了生死，一切都是闲事。喝酒、饮茶、熏香、赏花。

明白自己不能改变什么，有时还是忍不住悲伤。

秋意渐浓。

孤独的一天又开始了。

秋天的日头，好像也瘦小了许多。尤其是在日暮时分，黯淡的金色，仿佛渗透着某种寒意，像萧萧秋风中跌跌撞撞的黄叶，向地平线隐去。琐窗上残留的一线泛着黄晕的光，让人有些冷。

院内的几株梧桐，已经简洁得不成样子。几片焦黄的叶，经络黯淡失色，不复夏日的生机，孤零零挂在树枝上，不肯离去，像是贪恋着夏日最后的温存。风来了，又有几片坠落。剩下的几片，哪里抵挡得住夜来的寒霜？

寒日萧萧上琐窗，梧桐应恨夜来霜。

一叶落而知天下秋。梅是春的使者，梧桐则是秋的代言人。渗透在她骨子里的孤独与伤悲，顺着她的视线一点点扩散开去。看寒日爬上了琐窗，想梧桐

应恨夜霜，它们和自己一样，都恹恹地，被重重心事压迫着，不想言语。

这样的夜，还有什么可做呢？

昨日酒饮得太多，宿醉的感觉有些难受。这个时候，更喜欢喝点团茶，清香绵软，甘醇中带着苦涩，可以消腻、解酒，还可以把时光消磨。

什么时候开始做的梦？她已记不清楚了。只知道睡得不安，梦也容易惊醒。这个梦记不大清楚，留下的感觉，惆怅、惊惧，盘旋在心头，久久不散。此时此刻，如游丝般袅袅的瑞脑香，更加宜人。

团茶苦，瑞脑香，生活是精致富贵的，她却只是富贵中的一个闲人。人终要学会自我消解，没有相当程度的孤独，你就不可能拥有内心的平和。

团茶和瑞脑，是将孤独转化为平和之后才能体会到的滋味悠长。

我佩服那些隐忍的人，将痛苦掩藏得那么深，始终在光阴中岁月静好。

秋已尽，日犹长。

这应该又是一天的黄昏了吧？

秋天就这样悄然接近尾声了，流年如梭，让人心惊。她又在惊叹时序变迁了。黄昏显得分外漫长，总也不肯退场。其实不是黄昏太长，是黄昏容易引起人的哀愁，让时光变得漫长。"日暮乡关何处是，烟波江上使人愁"，人在黄昏的时候，内心有种强烈的归家冲动。因为，"日之夕矣，牛羊下括"，万物各归其所，各回其家。家，才能让飘荡在黑夜中的心落地，安息。

看着暮色中赶着归去的最后的那只寒鸦，她说：我想回家。

家在哪里呢？怎样回去？

从金陵辗转到了池阳，家的影子越来越依稀，她知道，一切再也回不去。昔日的辉煌也如眼前的落日一样，无可逃地隐在黑暗里。想起建安七子中的王粲，也是在这样的日暮时分，和自己一样登楼远望，"情眷眷而怀归兮，孰忧思之可任！……悲旧乡之壅隔兮，涕横坠而弗禁。"她理解他的心境，萧条异代有知音，王粲若肯前来，可以聊慰乡思。

王粲哭了。

她不想哭。生活不相信眼泪。

不如随分尊前醉，莫负东篱菊蕊黄。当悲伤沉坠到了谷底，还怎样再沉下去呢？不如照例像往日一样，尊前醉酒，聊以消忧。或是，看一看东篱的那丛菊吧，开得正黄。东篱赏菊，南山种豆，陶渊明早就在茫茫浊世中，身体力行，给陷入痛苦中的人一剂心灵的良方。何妨同行？

这首词流利婉转，一气呵成，又暗藏着意绪的起伏跌宕。女性的细腻婉约照旧深植其中，没有半点痕迹。

只是以往的她，总是在心情乍好的时候又还寒，不相信幸福来得太真，不敢奢侈地沉醉享受，犹豫间，情绪又变得低落。这首词中的她，一改往日的模样，在忧愁浓得化不开的时候，在心绪跌到谷底的时候，忽然又上扬。终于在愁苦阴郁中注入了一点亮色，给了自己一个喘息的机会。

酒阑的时候，有团茶可品。梦断的时候，有瑞脑香可闻。

仲宣怀远，不如随分尊前。日暮愁长，不如东篱赏菊。

虽然隐藏着忧伤，但她还是慢慢学会了放下。

人终究要在痛苦中学会让自己快乐，在苦难和灰暗中寻找诗意和亮色。这不是妥协，而是淡泊，是勘破。

比如苏东坡。流放到黄州，他就泛舟赤壁，流连"江上之清风，与山间之明月，耳得之而为声，目遇之而成色，取之无禁，用之不竭，是造物者之无尽藏也，而吾与子之所共适"。流放到蛮荒的惠州，他就"日啖荔枝三百颗，不辞长作岭南人""报道先生春睡美，道人轻打五更钟"。

只有这样，才能回归生命的清纯与空灵，做真正的自我。

团茶，是一种名贵的茶。欧阳修《思归录》载："茶之品莫贵于龙凤，谓之茶团，凡八饼重一斤。"李清照品的不是一般的茶。

茶，是宋人崇尚雅致平淡生活不可或缺的一部分。

"茶好，好在不嚣张生事、不惹人讨厌、平平和和、清清淡淡的风格，好在温厚怡人、随遇而安、怡情悦性，矜持自爱的品德。"茶之品性尤其适于宋代士人的格调，它那一种冲淡的精神，是每个人禅悟的根谛。

赌书泼茶，是李清照最幸福的时光，是她一生的珍藏。

Chapter 07

死 别

时局板荡，赵明诚失节。

江宁是没法待下去了。1129 年当他们在池阳谋划定居下来时，却突然接到了新的旨意，命赵明诚为湖州知州。此时，离他被罢免只有短短三个月。

到底是其兄弟从中周旋，还是朝廷在大难之际实在是缺乏人选，不得而知。此时的赵明诚，心里对皇恩圣眷充满了感激，他要亲自面圣，领旨谢恩。

皇帝此时正在江宁。

他要再次回到那个给了他耻辱的地方，李清照只能一个人暂留池阳。

对他们当时分手时的情形，李清照记忆犹新：

六月十三日，始负担，舍舟坐岸上，葛衣岸巾，精神如虎，目光烂烂射人，望舟中告别。余意甚恶，呼曰："如传闻城中缓急，奈何?"戟手遥应曰:"从众。必不得已,先弃辎重,次衣被,次书册卷轴,次古器,独所谓宗器者,可自负抱,与身俱存亡,勿忘之。"遂驰马去。

那天是六月十三日。赵明诚将行李搬到岸上,坐在岸边。身穿夏日的粗布葛衣,头戴便巾,露出前额,显得精神奕奕的样子。看上去,像猛虎一样富有生气,目光灼灼逼人。看着船中的她,与她告别。

当时她的心里交织着慌乱、恐惧、不舍,情绪甚恶,忍不住对他喊道:"如果池阳城中再遇到什么不测或紧急状况,我该怎么办?"明诚遥指着她说:"随着众人逃吧。万一遇到不得已的紧急情况,你就先扔掉那些重的包裹行李;再不行,就是衣服和被褥;还不行,就扔掉一般的书籍卷轴;最终无法,就扔掉古董器物。只有祖宗的牌位等宗室器物,你千万不可丢弃,自可抱着它,与它们共存亡,同生死。切切不可忘记。"说完这番话,他便急急上马,飞奔而去。

我明白此时此刻她的惶恐和无助。

惶恐是因为没有方向了,他在,就是她的方向。而此去,他的前程未卜。一个没有方向的人等着另一个祸福莫测的人,这种感觉,实难消受。无助,是因为自此后,她将一个人漂泊在茫茫大海中,不知彼岸,不知归宿,随时还会遇上足以令樯倾楫摧的险滩急流、恶浪风波。一个柔弱的女子,如何穿行这茫茫黑夜?

身外之物,自可舍弃。在这个乱世里,活着也属艰辛,她不怕。她怕的是又要失去她视为生命的古器文物。青州一场火,十余屋的收藏付诸一炬。这场离乱,她又能保住几何?在人尚且难以自保的境况下,她要如何才能保住她用半生的精力和心血换来的文物,还有凝聚在文物当中看不见说不清道不明的眷恋情愫?

明诚在,哪怕他什么也不做,可有一个"在"便足够了,足够给她勇气和力量,在凄风苦雨中一苇航渡。

他策马远去。望着他的背影,她感觉自己从未如此渺小脆弱,像是一个文物,被丢弃在千年的黑暗里,时光的最深处……

更难的还在后头。

她没有想到，此一别，不是生离，而是死别。

> 途中奔驰，冒大暑，感疾。至行在，病痁。七月末，书报卧病。余惊
> 怛，念侯性素急，奈何。病痁或热，必服寒药，疾可忧。遂解舟下，一日
> 夜行三百里。比至，果大服柴胡、黄芩药，疟且痢，病危在膏肓。余悲
> 泣，仓皇不忍问后事。

七月底，她与明诚分别不过一个月，便收到了明诚的来信。信中说他一路
策马狂奔，舟车劳顿，加上天气炎热，身患疟疾，此时正病倒在建康。她惊惧
交加，如坠冰里。她知道明诚素来性急。受不了冷热交加的疟疾，急性子的他
一定会服寒药去热，这样一来，寒热两相侵，疾病反而会加重。

忧心如焚，一日夜行三百里。等她赶到，所猜果然不虚。大量服用寒性药
物，疟疾没好，反增痢疾。此一来，病入膏肓，回天乏力！

她悲伤恐慌得不能自已，根本不忍问他如何安排后事。不相信，不能信。

哪怕是自欺欺人，她无法面对。真相有时候可怕得让人难以接受，所以世
人有时会蒙起自己的眼睛，不忍直面现实——他要死去。

如果不想失望，唯一的方法就是不要抱有任何希望。可他，就是这个乱世
中她唯一的希望。她失去了父亲，只有一个异母弟，没有子嗣。人将半百，真
正可以依靠的，可以让她在精神上得到安慰的，只有明诚一个人。

情深不寿，慧极必伤。

上天到底是妒忌他们的情深，还是妒忌她的敏慧？在强大的命运面前，人
如此渺小，如此无力。也许，只有失去，只有拿走她生命中的一些东西，才会
让她在日后的磨难里拥有更多，得到更多。

生命是一个不断做着减法的过程，曾经珍惜的、爱过的，不舍的，都会在
时光深处——离去。不平凡的人，在失去的同时也在获得，失去即拥有。所有
给过你磨难和痛苦的，最终都成了你的救赎。

如果没有这种生离死别的伤痛，我不知道，她能不能写出那样独一无二的生命体验。更不知道，她会不会在历史的长河中留下她灿若星辰的名字。

八月十八日，遂不起。取笔作诗，绝笔而终，殊无分香卖履之意。

八月十八日，他取笔做绝命诗一首，对后事没有任何交代，就撒手而去。

分香卖履，典出曹操的《遗令》："余香可分与诸夫人。诸舍无所为，学作履组卖也。"曹操临终时，将家中的财物分给各位夫人、侍妾，让她们学会自食其力。而明诚对他们半生收集的金石文物没有任何安排，对清照的后半生没有任何安排。匆匆忙忙，带着无限恨与痛苦，离开了人世。

走得如此决绝。

哪管身后是洪水滔天，还是支离破碎？

唯余她，在死亡的伴随下活着。

什么是死去？是终点，是诀别，是不可挽留，是再也握不到的手，感觉不到的温度，再也说不出口的"我爱你"。

剩下她茫茫天地余舟一芥，无边无际无着落，孤独面对。

如果雨之后还是雨，如果忧伤之后仍是忧伤，请让我从容面对这别离之后的别离。

玉楼空

藤床纸帐朝眠起，说不尽无佳思。沈香断续玉炉寒，伴我情怀如水。笛声三弄，梅心惊破，多少春情意。

小风疏雨萧萧地，又催下千行泪。吹箫人去玉楼空，肠断与谁同倚。一枝折得，人间天上，没个人堪寄。（《孤雁儿》）

你走了，我却留在了原地，在回忆里等你。

1129 年，赵明诚 49 岁，李清照 46 岁。此年八月，两人人鬼殊途，阴阳两隔。再见，只能在梦里，或是回忆里。

这是她人生中面临的第二次别离。第一次是生离，新婚不久，元祐党祸，她因受牵连与明诚别离。心中装满了缠绵相思，虽苦也甘。毕竟，再见有期，只要还有盼头，一切都可以忍受。情感因为距离的发酵，变得更加绸缪，更加珍贵。

这次是死别。回头无路，永不相见。生命因你的存在而完整，因你的离去而残缺。失去了你，就像失去了另一半的自己。醒里醉里，昼里夜里，笑里泪里，只要一想到"你已不在"这四个字，心便会下沉。像在无边无际的大海里泅渡，挣扎，怎么游，也无法靠岸。这种感觉，很绝望。

原以为，能握着彼此的手，直到白发苍苍。却原来，拼尽力气，能阻止生离，无法推开死别。

知道有些黑暗，只能自己一个人度过。有些路，只能自己一个人走。谁都不可能和谁在一起一辈子。可我，仍然没有习惯失去你。

这首《孤雁儿》，是悼亡，更是记起。是放下，更是执着。表面写梅，实

为悼亡。

噬人心骨的孤独，无药可解，无人能解。

太阳已高。恹恹地从藤床上坐起，掀开纸帐的帘子，心情窒闷得很。一个对生活没有更多期望的人，往往不愿意早起，因为找不到动力。

玉炉中的沉香已经快要燃尽，若有若无、似断还续的香气飘散在空气中。室内一无所有，只有渐渐冷却的香炉和已经冷却的香灰，默默陪伴着我静如止水的心。

静，如远古般渊默的静。人在其中，好像被虚无托了起来，在空茫里浮着。不知所来，也不知何往。

笛声三弄，梅心惊破。

静被打破，喧嚣侵入。窗外，是谁用长笛奏起了梅花三弄？梅花一弄断人肠，梅花二弄费思量，梅花三弄风波起，云烟深处水茫茫。惊破的是梅心，更是人心。

如梦初醒般。心绪起伏，暗自汹涌。

这个春天，多么寂寥，多么难过。吹得梅花开，吹得梅花落，吹不开心中的愁。往日里，该有多少游春意，现在只能成辜负。"多少春情意"，是对往日欢乐的追忆，也是对今日辜负的叹息。两相对比，不胜今昔。

被笛声从好不容易求得的沉静中拖了出来，没有热烈，更加孤独。

真正的心如止水者，在繁华纷扰之世间红尘，已然空无一物。她如水的情怀，只是暂时的沉静，内里依旧波涛起伏。毕竟，那些离别带给我们的伤，得交给时间慢慢去平复。这个过程，对她来说，很长，很艰难。她不是一个容易忘情的人，一个转身，就奔向另一种生活。

爱如此短暂，遗忘却很久长。

多少春情意，在此成追忆。

屋外小雨潇潇地下着，伴着疏疏的风，分明是逗惹人的眼泪。外面下着雨，我的也里也下着雨。真希望，此时有人能在我心里撑起一把伞，我怕，会把自己淹没。只是，人在哪里？吹箫人去玉楼空。萧史乘凤离去了，只留下空

空玉楼。你是我的萧史，我是你的弄玉，说好的双栖双飞，如今你却先去，我在原地，独守空楼。愁肠寸断，又何人可见，何人可依？伤心。

只有夺走你所拥有的一切，你才能摆脱世间的一切浮躁与诱惑，经受千锤百炼，心如止水，透悟天地。

此时的她，并没有透悟，也没有摆脱。

春，已经来了。还是得做点什么，告慰孤独和相思。

折一枝梅吧。

一枝折得，人间天上，没个人堪寄。当年陆凯在江南折下一枝梅，还可以寄给远在长安的好友范晔。而我呢？折下这枝梅，又能寄给谁？无论是人间，还是天上，都不会有人收。

他去得太决绝。上天入地，遍寻不着。

爱一个人，就难免为他受苦。牵挂是苦，思念是苦，失望和伤心是苦，得不到是苦，没法相守是苦，生离死别也是苦。然而有一天，你会发现，那个人给了你许多痛苦的，却也是你的救赎。

没有不可治愈的伤痛，没有不能结束的沉沦，所有失去的，会以另一种方式归来。

赵明诚去世后，她曾写下《祭赵湖州文》，文中有"白日正中，叹庞翁之机捷；坚城自堕，怜杞妇之悲深"之句。堪与这首词相比美。

句中用了两个意味深长的典故。白日正中，是唐代禅门居士庞蕴入灭前，令其女灵照观看日头，其女回报说：白日正中，但略有侵蚀。他又自己出门观看，其女趁机坐到他的座位上，合掌化灭。李清照想说的是，赵明诚比自己聪明，知道走在自己的前面。两个相爱的人，后走的那个，要承受失去的悲苦，要在无尽的回忆里一次次体味这种痛苦。所以，先走是福。这分明是对自己的宽慰。

坚城自堕，是春秋时期，齐国攻打莒国，齐国大夫杞梁战死后，他夫人放声大哭，闻者莫不心伤，莒城也因此崩塌。赵明诚之死，对她而言，就是倒下了长城，余下这个杞梁之妻，多么悲痛。

如果爱我，又怎么舍得我难过？

如果有来生，希望每次相遇，都能变成永恒。

旧家时

天上星河转，人间帘幕垂。凉生枕簟泪痕滋。起解罗衣聊问夜何其。

翠贴莲蓬小，金销藕叶稀。旧时天气旧时衣。只有情怀不似旧家时！（《南歌子》）

这首词依然是在失去明诚的漫漫长夜里，回忆，孤独。

"天上星河转，人间帘幕垂。"俯仰之间，已成陈迹。人在时光中间，从来是被改变的。

斗转星移，银汉迢迢，牛郎织女分隔在两端，此时我这样望着你们，不知过去了多久，也不知能不能找到你的踪迹。

夜越来越深，人间帘幕低垂，万物归于寂静，归于安息，归于梦境。她却在低垂着帘幕的夜里辗转不宁。关上了帘幕，关不上思绪。

一"转"一"垂"之间，送走了时间，逗惹了愁怀。

"凉生枕簟泪痕滋"，凉自心里起，落在秋夜的枕簟上，落在她眼里泫然欲滴的那颗泪珠里。回忆总在夜里放肆纠缠，她知道自己逃不过去。

以往的她，并不爱哭。她知道明诚虽然不在身边，但还有希望，还有明天，总有归来的那天。不哭，是不想让他看见自己的脆弱。"才下眉头，却上心头"的相思，他能够感应。

现在的她，却忍不住流下了眼泪。他走了，不再有归来的那天。眼泪只流给自己看，洗涮不了绝望，却让她知道，痛苦是真实的，自己还活着。

"未曾哭过长夜的人，不足以语人生。"

原谅她，就像原谅我们自己。

"起解罗衣聊问夜何其"。想着这难度的长夜，感到一种深宵旷野独行者的恐怯。轻解罗衣，不肯睡去，想挣破黑夜，走出去。想问问永夜，这个样子会要多久，何时才有天亮的时候？

长夜漫漫何时旦。

长夜，长夜，浓如墨的长夜，上演着多少离合悲欢？

这个长夜里，飘荡着多少孤独无依的灵魂？阮籍睡不着，"夜中不能寐，起坐弹鸣琴。徘徊何所见，忧思独伤心。"李白睡不着，"花间一壶间，独酌无相亲。"杜甫睡不着，"乾坤万里眼，时序百年心。"李煜睡不着，"小楼昨夜又东风，故国不堪回首月明中。"苏轼睡不着，"拣尽寒枝不肯栖，寂寞沙洲冷。"

游子睡不着，慈母睡不着；思妇睡不着，行人睡不着；将军睡不着，士兵睡不着。风睡不着，雨睡不着。鸟睡不着，月睡不着。

光隐在暗中，喧哗隐于静默。思念跑出来撒野，回忆苦苦缠绵，不肯离去。

何时才有"今夕何夕，见此良人"的惊喜莫名？何时才有剪烛西窗、共话秋雨的温馨？何时才有绿蚁浮金樽、红泥小火炉的安适？何时才会有一盏灯，在风雪交加的夜里，坚定地守着你这个夜归人？

这个夜，让我说什么好呢？让无数个被流放的灵魂说什么好呢？

"翠贴莲蓬小，金销藕叶稀。"无处安放的灵魂，无处安放的目光，忽然定格在这件睡前放置在床边的那件旧罗衣上。记得当初，明诚曾看着她穿这件衣裳，眼眸里盛满了爱意，那温度，应该还落在衣服的某个角落，没有离去。

隔着时光，衣服到底还是旧了，像瘦尽了的秋光。翠色的羽毛贴就的莲蓬有些干瘪，金色的丝线钩织的荷叶已经萧条，秋风不尽，秋心合成愁。恼人的秋，好像是旧时相识一样，不改冷漠与疏离。

读着这句"翠贴莲蓬小，金销藕叶稀"，有种不合时宜的艳异感觉。枯萎萧条的秋荷，偏偏又点缀上金翠的暖色，有些奇怪。忽然间我又有些明白，这

是她在无尽黑夜与孤寂中，心头幻想出的一点暖，一点光。只是来得微妙，去得也快，只瞬间在心里微颤了一下。到底是个需要爱的女子。

有人说"翠贴莲蓬小，金销藕叶稀"不是写衣饰，而是写她自己的形貌，形容自己衣带渐宽人不悔，为他消得人憔悴。莲蓬是指脚，藕是指手臂。这样联想，也无不可。曼妙而形象的句子，总是开放的，激发出无尽的想象。

"旧时天气旧时衣。只有情怀不似旧家时！"睹物思人，又由思人到思己。

天气还是那个天气，衣服还是那件衣服，都是旧的，都没有改变。自你走后，时空仿佛都已经停滞，都定格在了那里。只是自己的情怀，早已是桑田沧海，面目全非。

以两个不变来衬"只有情怀"的异变，此衬跌手法，尤见功力。刘熙载《艺概·词概》说："词之妙全在衬跌。如文文山《满江红·和王夫人》云'世态便如翻覆雨，妾身元是分明月'，《酹江月·和友人驿中言别》云'镜里朱颜都变尽，只有丹心难灭'，每二句若非上句，则下句之声情不出矣。"

"情怀不似旧家时"，是何情怀？

是琴瑟和鸣、高山流水的知音情怀，是相濡以沫、绸缪婉转的夫妻情怀，是安宁裕余、岁月静好的家乡情怀，是物阜民丰、雍容和雅的国家情怀。这一切，都成为过去了。国不是国，家不是家，人已离去，安得旧时情怀？

情怀，多么微妙美好的一个词，本身就带有浓浓的怀旧色彩。

海子说："生命中有很多东西，能忘掉的叫过去，忘不掉的叫记忆。一个人的寂寞，有时候，很难隐藏得太久，时间太久了，人就会变得沉默，那时候，有些往日的情怀，就找不回来了。或许，当一段不知疲倦的旅途结束，只有站在终点的人，才会感觉到累。其实我一直都明白，能一直和一人做伴，实属不易。"

情怀只合自家知，说与旁人枉费辞。曾迫切想与一个人好好聊聊，不是寒暄，而是交流，却发现话题换了无数遍，熟悉的人早已不再拥有往日的情怀。

漏声长

天与秋光，转转情伤，探金英知近重阳。薄衣初试，绿蚁新尝。渐一番风、一番雨，一番凉。

黄昏院落，凄凄惶惶，酒醒时往事愁肠。那堪永夜，明月空床。闻砧声捣，蛩声细，漏声长。

（《行香子》）

时间是藏在黑暗中的温柔手，在你一出神一恍惚之间，物换星移几度秋。

这是明诚走后的第几个秋天？她不想细想。

有些人的伤口在时间里慢慢痊愈，有些人的伤口在时间里慢慢溃烂，在你看不见的地方肆虐。还是不能将你遗忘，忘了你，生命也会沉入永夜。

天与秋光，转转情伤，又近重阳。只一番风、一番雨，便是一番凉，满天秋。

在秋天做秋天的事，薄衣初试，绿蚁新尝。变的是衣，是酒。不变的依旧是凄凄惶惶。

黄昏的院落里，依旧是无处着落的心境，无处安放的往事愁肠。

还有，寂静中传来的砧声捣、蛩声细，漏声长。它们原本不高亢、不明亮、不尖锐，在夜的背景中，却格外分明，搓揉着忧思之人的神经和愁肠。

你忘了带走我。时间很贪婪，有时候，它会独自吞噬所有的细节，留在心里的伤却越来越明晰，越来越顽强。

我用一生忘记你，你知道吗？

我佩服她对时间的敏锐感觉。

　　时间，无声无息，无色无影，带走一些，掩埋一些，留下一些，改变一些。如果你不曾与它对视，如果你不曾用心体会，你无法感受到它带给你的悲喜。

　　孤独寂寞的人，最易捕捉。因为，这种人拥有最多的，是时光。

　　她在一番风、一番雨中，看到了时光。

　　她在一番凉里，感觉到了时光。

　　她在砧声、蛩声、漏声中，听到了时光。

　　更妙的是，她的所看、所感、所听，又无一不带着浓浓的季候特色，这些都是为秋而生的最好代言人。

　　秋花惨淡秋草黄，耿耿秋灯秋夜长。已觉秋窗秋不尽，那堪风雨助凄凉！

　　秋花秋草，秋风秋雨，秋灯秋夜秋月——一切秋之形，她的词里都有，她的心里也有。

　　还有秋之声。

　　形，是用眼睛捕捉的。声，则是用心灵捕捉的。无心的人，听不出种子正挣破冻土从地里发芽，听不到花儿正舒展着筋络要站上枝头绽放它的蓓蕾，听不到一阵风过一阵雨过梧桐在枝头的瑟瑟私语。

　　听得见秋声的人，才能在时光的长河中留下永恒。欧阳修听见了，他留下了《秋声赋》：

　　欧阳子方夜读书，闻有声自西南来者，悚然而听之，曰："异哉！"初淅沥以萧飒，忽奔腾而砰湃；如波涛夜惊，风雨骤至。其触于物也，鏦鏦铮铮，金铁皆鸣；又如赴敌之兵，衔枚疾走，不闻号令，但闻人马之行声。余谓童子："此何声也？汝出视之。"童子曰："星月皎洁，明河在天，四无人声，声在树间。"

　　予曰："噫嘻悲哉！此秋声也。胡为而来哉？盖夫秋之为状也，其色惨淡，烟霏云敛"；其容清明，天高日晶；其气栗冽，砭人肌骨；其意萧条，山川寂寥。故其为声也，凄凄切切，呼号愤发。丰草绿缛而争茂，佳木葱茏而可悦。草拂之而色变，木遭之而叶脱。

呆在最静寂的角落里被最热烈的声音包围。

她听到的砧声、蛩声、更漏声，无一不传递着浓浓的愁。

砧杵声声，捣尽相思苦，离别意。

"长安一片月，万户捣衣声。秋风吹不尽，总是玉关情。"是思妇的愁。

"深院静，小庭空，断续寒砧断续风。无奈夜长人不寐，数声和月到帘栊。"是阶下囚李煜的愁。

蛩声，即蟋蟀的叫声，更关愁情。余光中先生说：

> 就是那一只蟋蟀/在《豳风·七月》里唱过/在《唐风·蟋蟀》里唱过/在《古诗十九首》里唱过/在花木兰的织机旁唱过/在姜夔的词里唱过/劳人听过/思妇听过

> 就是那一只蟋蟀/在深山的驿道边唱过/在长城的烽台上唱过/在旅馆的天井中唱过/在战场的野草间唱过/孤客听过/伤兵听过

漏声，一点点，一声声，道不尽离情。

韦庄说："夜夜相思更漏残，伤心明月凭阑干。"

苏轼说："缺月挂疏桐，漏断人初静。"

比李清照更晚些的蒋捷，更是写尽了秋声。他的秋声有：风声、雨声、更声、佩声、铃声。马蹄声、寒笳声、砧声、蛩声、雁声。

如果你不知道离情别恨的苦，只消听听这些声音。

相思成灾，离情满怀，托马斯·哈代，在石头上，看见了情人的影子。李清照，在自然的声音里，听见了故人故乡的呼吸。

> 我感到她就在我的身后，/呵，我失去她，已经很久，/我说：我知道你就站在我的身后，/而你又为何走这条旧路？/但没有人回答，只有一片树叶飘落，/好像悲伤的回应。

清昼永

玉瘦香浓，檀深雪散。今年恨、探梅又晚。江楼楚馆，云闲水远。清昼永，凭栏翠帘低卷。

坐上客来，尊前酒满。歌声共、水流云断。南枝可插，更须频剪。莫直待西楼、数声羌管。

（《殢人娇》）

回忆是一种相见的形式，忘却是一种解脱的方式。

她在回忆中不断与他相见，终于感到有些累了，倦了，试着用另一种方式忘却，或是自我解脱。

读这首词，我终于长长吁了一口气。一直沉溺在回忆与思念中，活在过去，让我感觉有些压抑。我想，时间终归是强大的。慢慢地，她从回忆中向外走，虽然步子不那么坚定，甚至带着一种自我麻醉的意味。毕竟，她在尝试，在努力与过去和解，与当下握手言和，这样才能奔向未来的旅程。

还是梅，让她走了出来。

它一直与众不同。

哪怕是瘦尽了春光，一枝嶙峋，绵绵不断滋味隽永的香，依然甚浓。香，才是它的风骨。

也不知道这样窝在室中过去了多久，檀的香越来越深，室外的雪已渐渐消融。春天，已经来了。可恨我，又辜负了院里的那枝梅。现在去探望它，已经有些晚了。不知道它会不会责怪我的疏忽。

这样想着，虽没有立刻朝它奔去，还是走到了室外栏杆处，凭栏，远眺。

江楼楚馆，云闲水远。远远望去，有亭台楼阁隐现在江边。更远去，云卷

云舒，漫步天外。山长水远，苍茫辽阔。

"水光山色与人亲，说不尽，无穷好。"这是她年少时的词句，现在想想，真是怀念那段春光明媚的日子。可以把整个自己投入到水光山色中，尽情享受它的种种好。如今即便是一样的山水，那种感觉恐怕再也找不回来了。更何况，这里是南国，山水婉约依稀，朦朦胧胧，带着纠缠的意味，远没有北国山水的干脆利落。

毕竟也是一种风景。

明诚去世后，她已经忘了与亲友相聚的滋味了。他走了，带走了她完整的世界。一个人在与世隔绝的境况下，祭奠着自己的过往，舔着自己的伤口，仿佛把整个世界都抛在了身后。

所有的痛苦与困顿，都是自己一个人的事情。你的生死，不关任何人的事，你的伤口在流血，别人却在为晚上吃什么发愁，这世上没有感同身受，所有的开导都是纸上谈兵，所有的安慰都是隔靴搔痒，所有的陪伴都是徒劳无用。

于是在这个熙来攘往的城市里，我们以同样的心情固执地孤单着。

可是，可是，没有谁可以义无反顾，独自走完所有的路。

有客要来了。

"坐上客来，尊前酒满。"来了，就要敞开怀抱，尽情投入。这样的漂泊，这样的晚景，没有谁知道自己手中还握着多少个稳稳当当的明天、扎扎实实的快乐。来吧，把酒樽斟满，与君共饮三千场，不诉离殇。

"歌声共，水流云断。"这样的场景有种抵死狂欢的味道。有酒，有歌，方能尽兴。急管繁弦，响遍行云，随水远逝，直到天边。读到这里，有种错觉。在这之前，从来没有见过她如此忘情的样子，更不像她淡泊清雅的风格。有时候人真的很复杂，你无法知道哪一个才是真实的自己。

当你看着那个沉醉在"佳人舞点金钗溜，酒恶时拈花蕊嗅，别殿遥闻箫鼓奏"中的李煜时，你怎么会相信那个唱着"问君能有几多愁，恰似一江春水向东流"的人也是他？恣意沉酣与忘情孤独，是他的一体两面。

　　生死零落，华屋山丘。一切变得太快，只有当下的一刻，才能握在手中。不要像小晏一样，只能在回忆中依依不舍地诉说着："彩袖殷勤捧玉钟，当年拚却醉颜红。舞低杨柳楼心月，歌尽桃花扇底风。"

　　我能感觉到她珍惜眼前片刻之乐的心情。

　　那些年我总是喝酒，就像这些年总不喝酒一样。人有时需要放纵做解脱，有时又需要禁忌做解脱。

　　"南枝可插，更须频剪。"心境变了，角度变了，所见也会跟着变。一念天堂，一念地狱。

　　上半阕中她还说"今年恨，探梅又晚"，这里又说"南枝可插，更须频剪"。还不算太晚，南边还有几枝可插，更须频频地剪了回来。从自我束缚的牢笼中解脱了出来，她想抓住眼前一切可供留恋的美好。

　　"莫直待西楼、数声羌管。"别在摇摆犹豫之间，错失了良机。西楼数声羌管即将奏响，苍凉即将来临。西楼数声羌管，或许是实指，确实有羌管在吹奏着幽怨急迫的悲音，是军中之乐，还是民间之乐，不得而知。

　　羌管，或许是虚指。它是人瞬间变幻的心境和意绪。前一秒还在天堂，一转念，悲愁从心中泛起，又将人从云端拖入谷底，羌管是她心底里奏响的悲音。

　　无论是什么，她只想表达：抓住当下可以抓住的一切快乐，尽情享受，放开束缚。这种感觉，像在哪里见过。"要来小酌便来休，未必明朝风不起"，哦，是的。

　　纵情声色，有时不过是以此为寄；坚强，有时不过是彼此相欺。其实，人人都会受伤，都会彷徨。只是有人习惯将风光表于人外，将眼泪埋葬午夜月光。

还寂寞

临高阁，乱山平野烟光薄。烟光薄，栖鸦归后，暮天闻角。断香残酒情怀恶，西风催衬梧桐落。梧桐落，又还秋色，又还寂寞。（《忆秦娥》）

南渡之后，递遭沦落异乡、家破人亡、文物遗散之殇，又目睹山河破碎、流离失所之状，她的词境也时时显得浑茫开阔。她将家国之痛、零落之悲打并入个人身世际遇之中，一些词境变得雄阔起来。

读这首《忆秦娥》，有不一样的感觉。少了脂粉气，多了些阳刚气。让人想起李白的《忆秦娥》："箫声咽，秦娥梦断秦楼月。秦楼月，年年柳色，灞陵伤别。　　乐游原上清秋节，咸阳古道音尘绝。音尘绝，西风残照，汉家陵阙。"

唐人坐在马背上向外开拓的洒脱刚健与宋人躺在卧室里向内收敛的沉静阴柔，各有千秋。王国维认为"西风残照，汉家陵阙"一句，"遂关千古登临之情"，无人能及。

李清照的这首词，也是抒发登临之情。

她在黄昏中登临高阁。

极目所见，是乱山平野，苍茫萧飒。是薄暮时分，昏黄的日光。一切都呈现出荒凉萧飒的气象。

几只归鸦掠过黄昏的苍茫，匆匆向巢穴飞去。几声号角，浊重悲怆，听得人心慌。

看到的是苍凉，听到的是凄怆，在这个萧飒的黄昏里，她又沉思往事立斜阳。

远景所见是"乱山平野"，所听是栖鸦聒噪，暮天寒角。这种逼仄感，让她不得不向往事中回溯，想从那里打捞一点点温暖，来抵御暮色苍茫中无所不在的寒凉。

和他一起，品茗、饮酒、拈香……种种你能想到和想不到的美好。

人就是这样奇怪，最美好的永远都是"得不到"和"已失去"。如果知道今天面临的会是这样的残局，会不会在当初加倍珍惜？

国如是，家如是，人如是。

不堪回首，回首的悲伤和悔恨会将人淹没。

眼前的断香和残酒，狼藉得不可收拾，只会让人的情怀更恶。

西风起，吹落梧桐。

断香、残酒，西风、梧桐，皆是院内的景，近处的景，情中的景。

远处，近处，宏观，微观，所见无不是寂寞。"又还秋色，又还梧桐"，是从她骨子里流出来的孤独，捂都捂不住，就这样不由分说又理所当然地跳了出来。

人在孤独寂寞中登高，又从登高中回到孤独寂寞。从哪里来，最终又回到哪里去。

秋天暮色中的游历，在一片浑无际涯的寂寞中，似结束，又没有结束。

"又"，是循环，是无尽，是重逢，是永不可摆脱。

李清照很聪明，写春，用梅。

写秋，我们已经见过的：有栖鸦、寒笳，有砧声、蛩声、漏声。还有这首词中的主角：梧桐。

这首词有的版本上有一个副题：桐。

我不知道，古诗词里为什么会以梧桐作为秋之代言人。梧桐，是他们在秋天接头的暗语，是他们渲染愁怀的喉舌。离开了它，秋将不成为秋，愁也不成为愁。

只要看看，这满篇满眼的梧桐，你就会明白。

　　春风桃李花开日，秋雨梧桐叶落时。西宫南内多秋草，落叶满阶红不扫。

　　梧桐树，三更雨，不道离情正苦。一叶叶，一声声，空阶滴到明。

　　无言独上西楼，月如钩。寂寞梧桐深院锁清秋。

　　李清照个人，除了偏爱春天的梅外，其次便是梧桐。从相思到离愁，从中年到暮年，这株梧桐像那枝梅花一样，忠诚地陪伴着她，见证着她的悲愁。这是她笔下的梧桐：

　　草际鸣蛩。惊落梧桐。正人间、天上愁浓。

　　寒日萧萧上琐窗，梧桐应恨夜来霜。酒阑更喜团茶苦，梦断偏宜瑞脑香。

　　守着窗儿，独自怎生得黑？梧桐更兼细雨，到黄昏、点点滴滴。

　　我想梧桐应该是最具有季候特征的植物了。夏日里，它以阔大的树叶贮着满满的浓绿的热情。秋日里，它以最敏锐的触觉捕捉秋之气息，在第一阵西风来临时，便迅速做出反应，枯萎，凋零，干脆而又决绝。其兴也勃，其枯也速。因为盛大，来与去都招人耳目。生与死，都大张旗鼓。

　　你无法忽视它的存在，它的荣枯都很鲜明，见证着瞬息流转的光阴。

　　梧桐，最适宜种在金井旁边。"金井梧桐秋叶黄，珠帘不卷夜来霜。"金井旁的梧桐，是闺中人的寄托。

　　金井，有人说是宫中之井，而非普通人家的井。梧桐植在金井旁，是否也具有一种天生不凡的贵气？这样猜想，也并不是完全没有道理。

　　还记得庄子讲的那只鸟吗？"南方有鸟，其名为鹓雏，子知之乎？夫鹓雏发于南海，而飞于北海；非梧桐不止，非练实不食，非醴泉不饮。"那只高贵的鸟，所到之处，非梧桐不止。梧桐的贵气，由此可见。

归鸦已息，暮天的号角已息，梧桐已落，西风不卷。苍茫大地，唯余秋色，唯余寂静，唯余寂寞，唯余一个无枝可依的孤零零的身影。

相思离愁，在明诚走和没走之间，也有差别。

当他尚在的时候，她写得多的是春怨，是女人的患得患失。怕没有人喜欢，怕没有人搭理，怕青春老去红颜不在，怕归雁传不到音讯，怕烟锁秦楼阻断了归期。种种怕，都还有一个牵系在那里。

当他离去之后，她写得多的是秋愁。回忆无处不在，离绪满怀。多的是痛苦绝望，有绝望，却没有怕，没有怨。

人已去，哪里还怨得起？与那时相比，没有人关心不是孤独，面对悬崖声嘶力竭地呐喊，无人回应才是真正的孤独。

这种孤独，在他离去后，一直伴着她，不依不饶，如影随形，挥之不去。

Chapter 08

颠　沛

命里注定，颠沛流离。

未来是什么，谁也不知道，只能一个人在漫长的途中用力走下去。

离别太仓皇，明诚什么也没有说，只留下一个匆匆的背影。她要好好考虑一下该如何处理他们用半生获取的金石文物，还有她自己将何去何从。

在战火苦荑的土地上，她将一个人投亲、靠友、护送文物，跟随着南宋皇帝逃亡的方向，一路颠沛。

世界这么乱，柔弱给谁看？

她将半生收集来的金石文物分成三个部分处理。

金兵南侵不久，留在青州的文物因兵变付之一炬。夫妻二人将余下的文物陆续转到了建康，宋高宗当时在建康。乱世中的宗室，只能单纯地相信，有国才会有家，有皇帝的地方，也是他们一路追随的方向。

她决定将一部分文物转运至洪州，交由赵明诚妹夫保管。

洪州离建康不远，转运方便，金兵的主力当时集中在建康；皇太后避难在洪州，有重兵把守，也相对安全；赵明诚妹夫时任兵部侍郎，在洪州，有得天独厚的依靠。如此考虑，不可谓不周全。但人算又如何胜得过天算？

送去洪州的文物，最终又落入了虎口。

"冬十二月，金寇陷洪州，遂尽委弃。"金兵各路分进，在追击高宗的同时，也发兵皇太后所在地洪州。随着洪州的陷落，她装得满满的十五车、多达两万卷的古籍图书，两千多卷金石碑刻拓本，一起在战火中化为乌有！

虽舍弃性命也不可丢的文物，再受重创，所剩也不多了。

一部分文物，她决定追随着南宋宗室，亲自进献给南宋的中央政府。

两次浩劫，她手中的文物所剩不多。余下的这些，都是异常珍贵之物，她没有托送到洪州，而是带在身边，冒死护送。

追随着宋高宗继续南逃，也是她精心考量后做出的选择。一是她的亲弟弟当时任敕定局的官员，一直和高宗在一起。有了亲人的支撑，对乱世中一个孤苦无依的女子来说，无疑是福音。

还有一个更为重要的原因。南逃途中，朝野上下忽起流言，说赵明诚在建康时，将家藏的美玉献给了金人，犯了通敌大罪。《〈金石录〉后序》中李清照已澄清事实原委：那个所谓的玉壶，只是一个叫张飞卿的学士前来请赵明诚鉴定真伪的劣质石头"珉"，将它献给金人的，很可能是张飞卿本人。当时，她"大惶怖，不敢言，亦不敢遂己"。

此时谣言四起，并非偶然。也许心怀不轨之人，真正惦记的恰是她手中这批珍贵的文物。与其被诬，不如将这些文物献给南宋朝廷。个人得失暂且不论，至少让这批文物有个妥善的归所，亦是不幸中的大幸！

从建炎三年八月一直到第二年，她追随着宋高宗的队伍，或陆路，或海路，历尽艰辛。直到金兵撤到长江以北，时局暂时稳定后，她将明州的文物，托人转送给朝廷。可惜这批文物还未送到，在剡州遭遇叛乱，又落入一位李姓将军之手。

随着李姓将军的病故，这批文物的下落再也无从得知了。"所谓岿然独存者，无虑十去五六矣。"

还有最珍贵的六七箱文物，她带在身边，须臾不离。

"更不忍置他所，常在卧榻下，手自开阖。"藏在卧室床下，亲自取拿，也未能免去一劫。当时她在越州，租住在一钟姓人家。一天夜里，卧室的墙被人挖开一个小洞，小偷取走了五箱字画文物。后面发生的事更为蹊跷，关于此段不堪的经历，她在《〈金石录〉后序》中也有交代：

> 忽一夕，穴壁负五簏去。余悲恸不已，重立赏收赎。后二日，邻人钟复皓出十八轴求赏，故知其盗不远矣。万计求之，其余遂不可出。今知尽为吴说运使贱价得之。所谓岿然独存者，乃十去其七八。所有一二残零不成部帙书册，三数种平平书帙，犹复爱惜如护头目，何愚也耶。

至此，她们半生的心血，已"十去其七八"，所剩零散不成体系的普通版本，也被她视若眼目！

这是个人的不幸，还是国家的不幸？抑或是那个时代的不幸？

尊严和高贵被碾为齑粉，文明和文化一路逃亡。微如尘芥的一点愿望和真诚，被戏弄、被践踏、被毁灭，人却无能为力。

她几乎是一无所有了。

文物各有其归宿和命运，自己呢？离乱时世，孤独一人，该如何担起变幻莫测的风风雨雨？

时光不停步，生活不停步，飘零的脚不停步。她累了，她累了。想找一个地方可以坐一坐，一个肩膀可以靠一靠，一个家可以让心停驻。

一个年近半百、两鬓苍苍、身心俱疲的暮年老妇，一个心性清傲才华卓异的女人，需要家的温暖，需要精神上的寄托。需要一个实实在在的人，可以与她分担难测的风雨。这个时候，一个叫张汝舟的人接近了她。多年以后，她回忆起这段经历，仍是愧悔莫及：

> 近因疾病，欲至膏肓，牛蚁不分，灰钉已具。尝药虽存弱弟，应门惟有老兵。既尔苍皇，因成造次。信彼如簧之说，惑兹似锦之言。弟既可

欺，持官文书来辄信；身几欲死，非玉镜架亦安知？傀俛难言，优柔莫决，呻吟未定，强以同归。

视听才分，实难共处，忍以桑榆之晚节，配兹驵侩之下才。身既怀臭之可嫌，惟求脱去；彼素抱璧之将往，决欲杀之。遂肆侵凌，日加殴击，可念刘伶之肋，难胜石勒之拳。局天扣地，敢效谈娘之善诉；升堂入室，素非李赤之甘心。

自己身在病中，处境堪怜；弟弟又太弱柔，无依无靠；绝境当中的人，往往很脆弱，任何一点好都会被她们视为救命稻草。她听信了张氏的巧言迷惑，与他缔结了婚约。

事后方知，张氏不仅在学识、情趣上与赵明诚无法相比，更是一个无德的小人。他哪里是同情自己，真心相惜，只是看中了她手中所剩不多的文物。得知真相，她只求速去，他恼羞成怒，甚至对李清照拳打脚踢！

她的个性是决绝刚烈的，哪怕是背着道德败坏、千夫所指的骂名，也不愿苟且，不愿忍气吞身，她要与他决裂。张汝舟不从，万般无奈之下，她只能借助诉讼离婚。自古以来，只有男子休妻，从没有女方休夫的先例。这样一个惊世骇俗的举动，需要多大的勇气，多么强大的内心！况且，按宋代律法，妻子告丈夫，即便丈夫有罪，妻子也要坐牢两年。她清楚知道这一点，却仍然挡不住她要离开此人的决心。

千夫所指人背弃，俯仰无愧吾独行。这种胸襟和气魄，几人能及？几个须眉能及？

这就是李清照。

哪怕是千夫所指，也不愿迷失自我。

没有自我的人，走到哪里也找不到自我。因为，他们缺少一种气魄，甘与平庸为伍，一生也只能在低处行走，永远不会受到众人瞩目。

而孤独的人，无论在谁的身旁，都还是一样孤独。

她注定是孤独的。从她做出这个决定的那一时刻起，她面临的将是更多谣诼与道德的评判。

164

风休住

天接云涛连晓雾，星河欲转千帆舞。仿佛梦魂归帝所。闻天语，殷勤问我归何处。

我报路长嗟日暮，学诗谩有惊人句。九万里风鹏正举。风休住，蓬舟吹取三山去！（《渔家傲》）

黄了翁《蓼园词选》说此词："浑成大雅，无一毫钗粉色。"

这首词不但是李清照词中的异类，一反其清婉的特色，在整个词史里，也寥寥无几。如果硬要拿一首诗与之相比，我想应该是李白那首想落天外的《梦游天姥吟留别》。

李白的梦铺张扬厉，清照的梦只有一个片断，场面大小不一，贯注在梦境中的自由与渴望却是一致的。他们都想挣脱沉重的肉身，挣脱现实织就的重重罗网与樊篱，想到那梦中的地方去，做真正的自己。

如果可以，真想抖落一身的惶恐与痛苦，一地的风尘与迷雾，把自己埋藏在幸福的梦境里。不要叫醒我。我怕梦醒后，无路可去的茫然与失重。

身体越来越轻盈、透明，仿佛已经不属于自己了。一道灵光，自九天漫洒下来，将我罩在其中。感觉灵魂正在挣扎着，逃出了身体，向远方的远方、梦中的梦境飞升而去。

这里是天庭。

晨光初透，烟锁重楼，云迷津渡。浮云岚雾隐约处，星河欲转的瞬间，有千帆如梭竞渡。在千帆竞渡的银河里，我迷失了，有些恍惚。

闻天语，殷勤问我归何处。

一个温柔的声音，仿若甘泉般在我耳边响起："你迷路了吗？告诉我，你想到哪里去？"

你知道吗？你这样站在我面前，看着我的样子多么慈蔼，多么美。我心里充满了感激。漫漫荒漠里的一滴甘泉，茫茫大海里的一盏明灯。心在瞬间柔软、轻盈。我知道，这是一个值得信任的人。放下顾虑和惶恐，我要打开我的心门。

路漫漫其修远兮，我上下求索，不知归路，而此时，已是日暮途穷。学诗，亦只是枉有妙句，空有才华，改变不了自己的不幸，挽救不了惨淡的现实。

这样的人间，这样的现实，我不知道自己还有什么用处。前路莽苍苍，希望在何处，归宿在何处？我想给我的灵魂找一条出路，也许路太远，我只能前往。

爱，不是我的归宿，也不是我们彼此的救赎。爱的人，我已经失去。不爱我的人，我已经失去了他。

家，不是我的归宿。一路仓皇，一路逃亡，家在梦中，在回忆里，在逝去的美好里，却独独不在这里，像一个遥远的诱惑。

我只能以一夜苦茗，诉说半生沧桑，以飘零作归宿。或是，与痛苦和解，与现实言和，找到一种适合自己的生活方式，就叫归宿。

"九万里风鹏正举"，一阵劲风吹来，我从瞬间的思绪中振拔出来。你微笑着看着我，不发一言。迦叶拈花，而世尊微笑。我知道，你想告诉我："孩子，路在你的脚下，始终要靠你自己走。我可以倾听，却不能代替你跋涉，也不能给你指出一条所谓的正确的路。"

你看，你看，狂风起处，大鹏正举。风是阻力，也正是扶摇直上九万里的大鹏的动力。这只鹏，是从《庄子·逍遥游》那里飞来的吗？还是从李白的诗里飞来的？

从现在起，我要谨慎选择我的生活，不再轻易迷失在各种诱惑里。我听到来自远方的呼唤，再不需要回头关心身后的是是非非。我已无暇顾及，我要向

前走去。

"风休住，蓬舟吹取三山去。"风，不要停下！吹我一叶扁舟直到蓬莱三山去。那里，是传说中的三神山之一。关乎理想，关乎梦境，关乎自由，关乎一切人间美好的憧憬与寄托。

生之窘迫与空洞，希望之阙如与渺茫，统统都被理想之灯照亮。生命在此刻变得坚定而有质地，赋予它意义的，是自己，是自由。

这个梦，在一声呼喊中结束。

梦境，不是想象的延伸，而是现实的反动。现实中有多逼仄多束缚，梦境就有多瑰丽多自由。屈原在梦中，上天入地，上下求索。李清照只上了天，没有入地。杜丽娘游园惊梦后，在生死两途中穿越，"情不知所起，一往而深。生者可以死，死可以生。"

现实断裂的地方，梦就汇成了海。

曾经有过的梦想，一点一滴积攒于心。雾散，梦醒，等着我们的那个真实，会不会依然是千帆过尽的沉寂？

不知道这首词具体写于何时，可以肯定的是，她在现实中遭遇了太多束缚与残缺。国破，家亡，夫死，这一切都在她的生命里，一一越过。

还不够，混乱现实中还有无数谣诼，是通敌卖国、玉壶颁金还是晚节不保、人言可畏？够了，够了。在这样一个风雨飘摇的时世里，人们关注的不是如何抗敌，如何北伐，如何恢复旧山河，如何在自己一味卑顺的血液里注入一丝躁烈，却让心中的贪婪肆意横行，觊觎着他人的文物，或是以道德评判者自居，掩饰他们自甘平庸的懦弱与贫血。

谣言四起，积毁销骨，像病毒一样侵蚀着她柔弱的躯体。余秋雨说："浑身瘢疤的人，老是企图脱下别人的衣衫。已经枯萎的树，立即就能成为打人的棍棒。没有筋骨的藤，最想遮没自己依赖的高墙。突然暴发的水，最想背叛自己凭借的河床。太多的荒诞终于使天地失语。无数的不测早已让山河冷颜。"

她，觉得窒息，想要呕吐。

现实里无处可逃，无路可走，只能向虚无、向梦境求助。

167

幸好，还有梦。

她还有一首记梦的诗，题曰《晓梦》。在梦里，她同样对扰攘的现实感到心灰意冷，甚至是厌恶，她想到梦中的地方去讨生活。"人生能如此，何必归故家。"谁愿意抛弃自己的故家，而愿意去一个虚无缥缈的地方呢？凋零不怕，残破不怕，怕的是人心漠然，是意气消沉，是灵魂和精神没有寄托。如果，这个人世只能这样，我眼中不必满含泪水，不必爱得深沉，不如掩耳厌喧哗，飘然蹑云霞。

> 晓梦随疏钟，飘然蹑云霞。因缘安期生，邂逅萼绿华。
> 秋风正无赖，吹尽玉井花。共看藕如船，同食枣如瓜。
> 翩翩坐上客，意妙语亦佳。嘲辞斗诡辩，活火分新茶。
> 虽非助帝功，其乐莫可涯。人生能如此，何必归故家。
> 起来敛衣坐，掩耳厌喧哗。心知不可见，念念犹咨嗟。

人的一生，是不断修炼自己的过程。不断自省，不断去掉那些虚荣、假义，去掉那些繁琐。并且慢慢学会不在乎——不在乎那些外在、谣言、伤害，一意孤行地保持自己清澈却又曼妙的妖娆，学会在渐次荒芜的时光中绽放成一朵明亮的蓝莲花。

路还长，等着她走，等着她蜕变。

无好意

年年雪里，常插梅花醉。挼尽梅花无好意，赢得满衣清泪。 今年海角天涯，萧萧两鬓生华。 看取晚来风势，故应难看梅花。（《清平乐》）

这首词，表面上不动声色，平淡如水，有一种绚烂至极归于平淡的洗练与清旷。

实际上，它质而实绮，癯而实腴，有丰富的意蕴和工巧的章法。

李清照将她的一生都写进去了，从早年到中年到暮年，浓缩在短短的 46 个字里，三个不同的片断和一句不经意的感慨中。

少女情怀总是诗。

"年年雪里，常插梅花醉。"说的是早年，虽是少妇，却在幸福的浸泡中有着如诗般的少女情怀。想当年，每当下雪的时候，我都要与明诚一起饮酒赏梅，兴尽归来，插一枝梅花在鬓发上。不知是花美，还是人更美。

她几乎是在炫耀自己的幸福了。痛苦的人没有悲伤的权利，幸福的人却有幸福的权利。她忍不住要将内心的欢喜捧出来，与人分享。"造化可能偏有意，故教明月玲珑地。共赏金尊沈绿蚁，莫辞醉，此花不与群花比。"

那时的她，被娇宠着，有资格说"此花不与群花比"。

中年心事浓如酒。

"挼尽梅花无好意，赢得满衣清泪。"说的是中年。那时的她，因与明诚

分隔两端，恂有情，而无法相聚，相思相望不相亲，天为谁春？况绸缪的情感，在人事的蹉跎中，又平添了几许隔阂与不如意。“多少事，欲说还休。新来瘦，非干病酒，不是悲秋。”有些事，只能搁在自己心里，浓如酒，个中冷暖滋味，只有自己慢慢消受。

因为爱，所以包容，所以慈悲，所以忍受。

还有巨变的家国。

自金兵南犯，儿女私情淹没在奔波的风尘、颠簸的时世中，她的心中除了爱人，还有家，还有故国。无能为力，只能沉醉在酒中，梅萼插残枝，梦远不成归。醒来后，守着无边的空寂和失落，“更挼残蕊，更捻余香，更得些时”。

梅花的瓣子一片一片搓揉殆尽，看着它们在风中点点飘落，心绪更恶。今天梅花的狼藉与凋零，不正预言着明天的自己吗？搓揉的不是梅花，分明是自己的心。饮不能浇愁，挼不能消忧，眼泪到底还是流了出来，湿了衣袖。

泪，有时是对痛苦的稀释。

暮年的情怀，随所遇而强安，极为清淡。

“今年海角天涯，萧萧两鬓生华。”如今的我，孤身一人沦落在海角天涯，梅花很美，插在萧萧两鬓边，越发衬出人的憔悴。

南方，是她的海角天涯。生活在这座城里，她只是一个异乡人，一个过客，从没有真正融入进去。思念北方，思念汴京，思念旧国，人却停留在原地，一步也挪动不得。漂泊和无力感，一起压迫着她。此时，却再也掉不出一滴泪。

一路辗转，实在是不堪回首。所到之处，皆为寄住，不是家。

高宗被金兵追着，从建康一路逃往镇江、越州、明州，入海到舟山岛的昌国，又从台州入海，直奔温州。她一路追随着，陆路，海路，陆路……家越来越远，无处可以停泊。惶惶如惊弓之鸟，随时都准备坠落。

一直到了临安，才稍稍有了片刻喘息。

此时的她，又历经文物丧失、再婚打击、时局动荡，精神上的痛苦无法言喻。而她，已经没有更多力气去抗争什么了。

秉持一颗初心，在无法摆脱的现实里，与自己和解，静静地承受着这个世

界强加在她身上的一切。

"看取晚来风势，故应难看梅花。"晚来的风越来越猛烈，梅花哪里经得起这样的摧残，怕是凋零殆尽了吧？多像风雨飘摇的时世中，苦苦挣扎却不得不妥协的命运。她知道，梅花的命运就是自己的命运。

她没有金刚怒目式的激烈反抗，看取晚来风势，她在心里告诉自己："故应难看梅花。"无法更改，便只有接受。

那些沉重的、虚妄的，——越过我生命里的千山万水。

而你，只需明媚地笑着，等我满身风尘地，回来认取。

林清玄说："但凡茗茶，一泡苦涩，二泡甘香，三泡浓沉，四泡清冽，五泡清淡，此后，再好的茶也索然无味。诚似人生五种，年少青涩，青春芳醇，中年沉重，壮年回香，老年无味。"

历经时间的淘洗，她也渐次洞明了人生的甘苦滋味。深沉的感慨，到最后都化为一声叹息。

关于人生三境，没有比蒋捷的那首《虞美人》更好的：

> 少年听雨歌楼上，红烛昏罗帐。壮年听雨客舟中，江阔云低、断雁叫西风。
>
> 而今听雨僧庐下，鬓已星星也。悲欢离合总无情，一任阶前、点滴到天明。

他选取了"听雨"这样一个情景，将少年的浪漫、壮年的流离、暮年的凄凉融为一体。在鲜明的对比中，融入深沉的人生况味。

少年听雨，在"歌楼"。有"红烛"照耀，"罗帐"轻舞，香艳绮丽又被一个"昏"字轻轻收住，增添了无限妖娆暧昧的气息，恰好像少年浪漫的情怀。

壮年听雨，在"客舟"中，漂泊他乡、人生无定的意味尽在舟中。"江阔云低"极肃杀，断雁哀鸣于西风。茫茫天地中唯余一颗沛流离的孤舟和断肠

的天涯孤旅人。

老年听雨，在"僧庐下"，鬓已斑白。饱经沧桑后的她，"一任阶前、点滴到天明"，有无可奈何的妥协、随遇而安的淡泊和看透世事的孤寂。

一切绚烂，都将归于平淡。

事事休

风住尘香花已尽，日晚倦梳头。物是人非事事休，欲语泪先流。

闻说双溪春尚好，也拟泛轻舟。只恐双溪舴艋舟，载不动许多愁。（《武陵春》）

这阕《武陵春》题名《春晚》，还有一个题目叫《暮春》。李清照沿着皇帝赵构逃跑的方向"抵金华"，这首词应是绍兴五年（1135 年）作于金华，那年她已经 52 岁了。

词里说的双溪据《浙江通志》卷十七《名胜志》载："双溪，在浙江金华城南。"是著名的胜迹。风景再好，对于当时的李清照来说，那种年少出游的欢乐，早已经随着家国零落而颓败了。国事家事，风霜剥蚀的容颜下，她那颗心早已经孤寂到了极点。

有人说这首词是写春愁，也有人说这是"感愤时事之作"，我想这首词不过是她想起了自己的伤痛，华年与君同舟的一幕历历在目。泛舟春水，要寻找的是快乐，美，还是记忆呢？易安阅尽人世悲欢，她自己的伤痛她自己知道，其实每个人心中的创痛是很难和人共享的，用语言和诗词并不能解决自己的问题，面对现实，不要说她一个女人，就算是须眉英雄也是无可奈何的，更何况，转眼之间人已经老了。

"风住尘香花已尽。"繁华落幕，我们已经走到了春天的尽头，时间的尽头。

站在时光尽头，我两手空空，悲痛时握不住一滴眼泪。

这个起句，没有从花开写起，也没有写它的繁华时节，略过了开端和高潮，直接步入了尘埃落定的结局。就好像我们自己，走过了一段太长的路，经历了太多的沧桑变故，已经没有力气再说什么了，或是不想再说了，只能安静地等待结局和命运。这种感觉，有些无奈，有些疲倦，疲倦得甚至连头也懒得梳了。

"风住尘香"，感觉很奇特。在风中停驻的，不是有形的光影声色。比如花瓣零落，辗作尘泥或是坠入沟渠，又或是花朵枯槁、不胜憔悴。是无形的香味。香味是更持久的东西，也是更细腻缠绵的东西，这些，没有一颗敏感的心，捕捉不到，体会不到，也传达不出来。更能让人惊心的，不是有形的改变，而是无形的逝去。它在剥夺一切美好时，你甚至感觉不到那种疼。比如，无形的时光之手雕刻着你的容颜，带走你的青春华年。

在时间的河流里，一些东西终究要渐次沉淀，物是人非事事休。事事已休，尘埃落定。

而记忆里的伤痛，还是没有忍住，沉滓泛起，逗惹着人。欲语，泪却先流了下来。还是不说的好。泪就是最好的告白。

物是人非事事休。

春天一年年地来，又一年年地走，不过一场绚烂的花事，亘古如斯，从未改变。年年岁岁花相似，有情的血肉敌不过无情的江山。

人在时光中被改变，从青春到华发，从盛年到凋残，从繁华到落幕。如今漂泊辗转在海角天涯。变的不只是容颜，还有一颗不复如初的心。岁岁年年人不同。

事事已休，该走的不该走的，都已经走了。最爱的人，最爱的文物，最爱的故乡，最爱的故国。还有曾经青春如今凋零的红颜。

事事已休，该来的、期盼的、不甘的都没有来。依旧回不去，依旧偏安在一隅，依旧在醉生梦死中麻木着。

多少事，欲说还休！太多的惆怅只能化为一声无言的叹息，太多的酸楚只能化为一滴浑浊的老泪。是谁在说："我以为，我已经把你藏好了，藏在那样深的，那样冷的，昔日的心底。我以为，只要绝口不提，只要让日子继续过

去，你就终于，终于会变成一个，古老的秘密。可是，不眠的夜，仍然太长，而，早生的白发，又泄露了，我的悲伤。"

生活被逼成一条狭窄的甬道，甬道的尽头，仍有一线微弱的光。

"闻说双溪春尚好，也拟泛轻舟。"风住了尘香么？闻说双溪春尚好。心里泛起了微澜，想抓住春的尾巴，想泛轻舟。只是在心里起了一个势。哪怕生活把她逼到了绝处，也依然抓住微如星火的希望。你可以剥夺我外在的一切，却剥夺不了我内心的自由。泛舟，向青草的更深处划去。我愿以这种姿势在这落寞窘迫荒凉的现实中行走。

多希望她把这个瞬间升起的念头落到实处，变成行动。

可她，又犹豫起来了。"只恐双溪舴艋舟，载不动许多愁。"

生怕情多累了美人，生怕愁多累了舴艋舟。这到底是多情的心太玲珑，还是在给自己的不坚定找一个借口？一个"只恐"道尽了她的犹豫。去了，还是没去？不得而知。这样的心境，她一直都有。试看从前，当"清露晨流，新桐初引"的景致，唤醒她"多少游春意"时，她没有立即出游，而是试探着，将头伸出窗外，"日高烟敛，更看今日晴未。"愁固然很多，她到底在犹豫什么？

"闻说""也拟""直恐"，下片中的三个虚词转换，直将人微妙而曲折心理描摹尽了。

在犹豫不决面前，只有二种选择：

一种是像惠特曼一样："我坐着，观望世界上所有的忧患，所有的压迫和耻辱……看着，听着，一声不响。"

一种是像莎士比亚一样："我们所要做的事，应该一想到就做；因为人的想法是会变化的，有多少舌头，多少手，多少意外，就会有多少犹豫，多少迟延。"

当你在犹豫的时候，这个世界就很大；当你勇敢踏出第一步的时候，这个世界就很小。

这个世界，经不起那么多等待，那么多蹉跎。

有些人一直没有机会见，等有机会见了，却又犹豫了，相见不如不见。有些事一直没有机会做，等有机会了，却不想再做了。有些话埋葬在心中好久，没机会说，等有机会说的时候，却说不出口了。有些爱一直没有机会爱，等有机会了，已经不爱了。

"只恐双溪舴艋舟，载不动许多愁。"这句写愁的神来之笔，引无数评者诗人竞折腰。关于这点，沈祖棻女士分析甚详，不再赘述。特引如下，聊作一览：

王士祯《花草蒙拾》云："'载不动许多愁'与'载取暮愁归去'、'只载一船离恨向西州'，正可互观。'双桨别离船，驾起一天烦恼'，不免径露矣。"这一评论告诉我们，文思新颖，也要有个限度。正确的东西，跨越一步，就变成错误的了；美的东西，跨越一步，就变成丑的了。像"双桨"两句，又是"别离船"，又是"一天烦恼"，惟恐说得不清楚，矫揉造作，很不自然，因此反而难于被人接受。所以《文心雕龙·定势篇》说："密会者以意新得巧，苟异者以失体成怪。""巧"之与"怪"，相差也不过一步而已。李后主《虞美人》云："问君能有几多愁？恰似一江春水向东流。"只足以水之多比愁之多而已。秦观《江城子》云："便做春江都是泪，流不尽、许多愁。"则愁已经物质化，变为可以放在江中，随水流尽的东西了。李清照等又进一步把它搬上了船，于是愁竟有了重量，不但可随水而流，并且可以用船来载。董解元《西厢记诸宫调》[仙吕·点绛唇缠令·尾]云："休问离愁轻重，向个马儿上驮（驮）也驮（驮）不动。"则把愁从船上卸下，驮在马背上。王实甫《西厢记》杂剧[正宫·端正好·收尾]云："遍人间烦恼填胸臆，量这些大小车儿如何载得起。"又把愁从马背上卸下，装在车子上。从这些小例子也可以看出文艺必须有所继承，同时必须有所发展的基本道理来。

多酲藉

病起萧萧两鬓华，卧香残月上
窗纱。豆蔻连梢煎熟水，莫分茶。

枕上诗书闲处好，门前风景雨
来佳。终日向人多酲藉，木犀花。

（《摊破浣溪沙》）

"我认为，接近死亡的成熟阶段非常可爱。越接近死亡，我越觉得，我好像是经历了一段很长的历程，最后见到陆地，我乘坐的船就要在我的故乡的港口靠岸了。"

不知怎么地，读完这首词，我脑子里不断浮现一个美国人说过的这句话。

我感觉到，在经历了颠沛、离乱、毁誉、疾病种种无故加之的人生磨难后，她淬炼得更为精纯、淡定，有一种停止了向周围世界呼告诉求的大气。傲气仍然有，清气仍然有，只是不再那样咄咄逼人、炫目或张扬，她退回到世界的一角，像一朵散发着幽香的木犀花，终日向人多酲藉。观庭前花开花落，随天外云卷云舒。

这是人生的"静"境。

这首词，写的是"静"。

或许是写于明诚病逝后，她大病初愈之际。或许是更晚的时候，在金华或是临安的某个大病初愈的日子。总之是在南渡之后。

多事之秋，多愁多病，是人之常情。不这样，你怎能感受得到人生的嶙峋？又怎么体味得到嶙峋过后渐次展开的柳暗花明？这种难得的际遇与惊喜背后，你会更加渴望静，感恩静。

177

病中之静，有点禅意，有点悲欣交集。从某种意义上说，病，给人提供了悟静的因缘际遇。敏慧之人，才力丰赡之人，总能从中提炼出人生真味。

杭州虎跑寺中刻着苏东坡的诗碑，上面有两句："因病得闲殊不恶，安心是药更无方。"

闲或静，是一种气质，一种修养。"非淡泊无以明志，非宁静无以致远。"生活于扰攘的尘世中人不易做到或体会到，一场病，却让她参透了玄机。

"病起萧萧两鬓华，卧看残月上窗纱。"病起，憔悴，但见萧萧两鬓，更加增添了苍凉的意味。病中的人往往很敏感脆弱，喜欢顾影自怜，她却不想再这样子下去。何况，此时怕是连自怜的力气也没有了。索性还是躺下来，倚枕望天边残月，慢慢地，慢慢地将银白色的月光铺洒在窗纱上。

这么静。为何只剩一弯月留在我的天空？

人如天上的明月是不可拥有，情如曲过只遗留无可挽救再分别，为何只是失望填满我的空虚，这晚夜明月半倚深秋。

"豆蔻连梢煎熟水，莫分茶。"室内小火炉上正煎制着"豆蔻熟水"，药香随着的水汽，满溢在空气中。缓缓沸腾的声音，一下一下，在寂静的室内如撞钟般敲击着人的耳膜，分外清晰。这声音，让人感觉到一种亘古未有的寂静，仿佛置身于浑茫的太古。缠绵病榻，闻着药香，听着水沸腾的声音，这场景，多像昔日分茶的情形，此时却分不了茶。

"月出惊山鸟，时鸣春涧中"，王维在如禅定般的春山空夜里，偏偏也要来一二声鸟鸣。蝉噪林逾静，鸟鸣山更幽。动更能衬静，没有动的静，只是一片死寂。

生活的文火，继续煎煮着我们。而她，从中悟出了静。

疾病暂时将人拖离了红尘，避开喧嚣扰攘的人事，让心灵得一隅而偏安。那么，就这样吧。安心享受病中之静带来的别样情致。

"枕上诗书闲处好。"闲来无事，取一两卷诗书，随意翻阅。没有目的，也没有"赌书"之功利，兴之所至，往往会读出平时见不到的好来。像在春外邂逅了佳人，别有风味。或是遇到了一位相视一笑莫逆于心的老

友，携一壶老酒，与你对坐，细数别后的风尘。摇晃的心，沉淀不出清味。

"门前风景雨来佳。"雨在平时是恼人的，它阻了人与外界的联系，隔绝了一颗跃跃欲试喧腾不已的心。静卧病榻，倒感觉这雨别有一番滋味，像是特意为病中之人而设的。雨，消隐了一切色相和喧哗，让人不得不向内观望，不得不回归到自己的内心，体味内在的宁静。

我知道李清照所说的"枕上诗书闲处好，门前风景雨来佳"的好，这种好，人惟于静中得之。"静故了群动，空故纳万境。"人，有时要静下来，要将自己放空，这样才能变得更充实，更丰富。

她安于这种境况，她几乎为自己这样小小的发现而欢呼了。她忍不住想将这种欢欣与人分享。窗外，没有人，只有一棵桂花枝。终日向人多酝藉，安安静静，不言不语。这安静中却有着不可忽视的丰富与高贵。

那么，也好，就做一株木犀花吧。

酝藉，却盛大。于是，看不见的看见了，遗忘的记住了。

这才是生命的品质或质地，是她病中的升华。

这首诗中，有两个词值得一提。

何为"豆蔻连梢煎熟水"？豆蔻，一种药物，连枝梢而生。性温，去湿，和胃。熟水，不是一般的水，有特殊的制作方法。《事林广记别集》载："夏月，凡造熟水，先倾百煎滚汤在瓶器内，然后将所用之物投入，密封瓶口，则香倍矣。"这里李清照是将豆蔻投入熟水煎制，香味倍增。

何谓"分茶"？分茶，是一种煎茶的方式。《茶经·五之煮》曰："以竹筴环激汤心，则量末当中心而下。有顷，势若奔涛溅沫，以所出水止之，而育其华也。凡酌，置诸碗，令沫饽均。沫饽，汤之华也。华之薄者曰沫，厚者曰饽，细轻者曰花，如枣花漂漂然于环池之上，又如回潭曲渚青萍之始生，又如晴天爽朗有浮云鳞然。其沫者如绿钱浮于水渭，又如菊英堕于樽俎之中。饽者，以滓煮之，及沸，则重华累沫皤皤然若积雪耳。"

茶、水相遇，在盏面上幻变出怪怪奇奇的画面来，有如淡雅的丹青，或似

劲疾的草书，或若山水云雾，或若花鸟虫鱼，恰如一幅幅水墨图画。宋代，它流行在士大夫或贵族阶层，不但是一种生活方式，更是宋人追求淡雅之审美趣味的一种体现。

暗明灭

风定落花深，帘外拥红堆雪。长记海棠开后，正伤春时节。

酒阑歌罢玉尊空，青缸暗明灭。魂梦不堪幽怨，更一声啼鴂。（《好事近》）

读这首词的时候，我很奇怪，这是那个刚刚决心做一个"终日向人多酝藉，木犀花"的李清照吗？宁愿她的心在越接近暮年的时候越沉静。而不是像这首词中一样，幽怨甚浓，几近凄厉。

有人认为，这首词当作于南渡之前，是伤春思夫之作。也有人认为，这首词作于南渡之后，是思国怀乡之作。明明灭灭的灯光，伴随着明明灭灭的往事和家国故乡的面影，在夜空中特别刺人眼目。

怎么会这样呢？又陷入了往事和回忆之中。往事明明灭灭，回忆若隐若现，心事似沉还浮。这个夜，注定是不眠的。

尘世中总有夜阑独醒的人，带着独坐断崖的寂寥。眼神凄清、辽远、落寞，却怎么也无法望穿这浓如墨泼的暗夜。

是的，这首词写的是夜阑人静后，一个寂寞的醒客的孤独。

夜阑人静，万物都在梦乡里沉睡，唯有我独抱浓愁，辗转难寐。

你有没有在夜阑人静时难以入睡的体会？天地那么大，却怎么也找不到一个地方，可以安放我的头。什么都想，或是什么也没有想，思绪混乱，有如跑马。快给我一种力量，让我安静地睡去，有梦没梦都没有关系。夜这样长，这样黑，我甘愿败北。

夜阑人静，谁在孤风月冷的千里之外含泪回首，谁在烛光摇影下对镜理红装？一种相思、两处闲愁的歌，谁人唱了又唱？

夜阑人静，谁在月下焚香，两重心字终成灰？谁在露浓霜滑的板桥上牵一匹瘦马风尘仆仆天涯流浪？

夜阑人静，谁举起浊酒一杯，空叹着燕然未勒归无计，将军白发征夫泪？

夜阑人静，谁长恨此身非我有，何时忘却营营？谁欲小舟从此逝，江海寄余生？

夜阑人静，谁僵卧孤村，卧听风吹雨，任铁马冰河入梦来？

知道吗？这个长夜，你并不孤独，还有这么多热烈而寂寞的灵魂在寻找着伴侣，在无声无息地等待。等待，不是为了你能归来，而是找个借口不离开。

这首词，先写昼，再转入夜。昼只是为夜的幽怨作了渲染。

"风定落花深，帘外拥红堆雪。"我不知道，风怎么可以用"定"，好像有一种魔力般，让它瞬间束手就擒。落花又怎么可以用"深"？这就是李清照的尖巧清新之处，她不屑于落入俗套，总是恰如其分地另辟蹊径。她想说的是，春已深，花事尽。

帘外所见都是落花的残骸，"拥红堆雪"，红的白的，挨挨挤挤，乱成阵。她喜欢用色彩直指其物，比如绿肥红瘦。这一场盛大的谢幕，这一场绚烂的花事，让她又记起了海棠开后的伤春时节。

怎么会忘记呢？你的回答还在耳边响着，"海棠依旧"。你的微笑，曾经慌乱过我的年华。

知否，知否，应是绿肥红瘦。你永远都不会明白一个闺中人对落花的情意与伤感，三春好景过，春光凋零，美人迟暮。逝去的春光中隐着一颗不安的心。那时伤感的心，因你的存在，而得到抚慰。顾影自怜的娇嗔是为了证明你爱的体贴与绸缪。

生命中曾经有过的所有灿烂，原来终究，都要用寂寞来偿还。

回忆多么美，就有多痛。

爱了你整整一个曾经，还是无可逃地坠入黑暗中。

　　酒阑。歌罢。玉尊空。浩歌狂热，醉生梦死，一切都已经结束，一切都没有用。酒阑人散后，留下的满地狼藉和空虚，让人更加无所适从。想醉去，终于还是醒着；想忘却，终于还是记起。

　　在这样的夜阑人静中，我还能做些什么？

　　看着青缸暗明灭，影影憧憧，更显诡异魅惑。

　　明明灭灭的灯光，一些人、一些事就这么明明灭灭地闪现在沿途风景中。我学会了安稳，学会了麻木，学会了冷静，学会了沉默，学会了坚忍。辗转中的快乐在百转千回中碎成一地琉璃，我站在风中把它们扫进心底最阴暗的角落。

　　再也没有关系，灵魂喷薄影子踟蹰。

　　"明灭"这个词的确诡异。它与光和影有关，适合生长在暗处。隐隐约约，闪闪烁烁，摇摆不定，给人得到的温暖，也给人失去的恐惧。在酒阑歌罢玉尊空的夜里，在一个醉者的眼中，扑朔迷离，恍置身于梦境。

　　魂梦不堪幽怨，更一声啼鴂。明明灭灭的光，已甚为诡异幽怨，魂魄入梦，难以将息。更有一声啼鴂，让本来幽怨的梦境，又添凄厉。

　　啼鴂，一说是杜鹃，常在百花凋残的时候鸣叫。屈原《离骚》："恐鹈鴂之先鸣兮，使夫百草为之不劳。"《汉书·杨雄传》注："鹈鴂，一名子规，一名杜鹃，常以立夏鸣，鸣则众芳皆歇。"它不是普通的鸟，而是送春、葬春的鸟。

　　若看成杜鹃，更有意味。相传战国时蜀王杜宇称帝，号望帝，为蜀治水有功，后禅位臣子，退隐西山，死后化为杜鹃鸟，亦曰子规鸟，至春则啼，闻者凄恻。李商隐说："沧海月明珠有泪，望帝春心托杜鹃。"

　　望帝春心，杜鹃啼血，到底是为了故国故人，还是为了一段情？这个声音，打破了她幽怨的梦境，却将她置于更为幽怨的境地。

　　夜阑人静，唯余回忆。

　　我曾听人说过，当你不可再拥有的时候。你唯一可以做的，就是让自己不要忘记。

　　你会明白的，那曾深爱过的一切早在告别的那天，已消失在这个世界。心

中的爱和思念，都只是属于自己曾经拥有过的纪念。

很多我们以为一辈子都不会忘记的事情，在念念不忘的过程中，都会慢慢遗忘。

Chapter 09

暮 景

1132 年，宋高宗逃至杭州，李清照又追随至杭州。

自此后，一直到她走完最后的人生旅程，近二十年的时间，她大都在临安度过。

这段时间里，飘零之痛、故国之思、孤独之慨是萦绕在她生命情感中的主旋律，一直没有停息，也没有改变过。

当然，她生命中还有其他的事要做。

她继续完善整理《金石录》。金石文物虽大部分遗失在战火中，对《金石录》的校勘整理仍在继续。早年赵明诚完成《金石录》后，曾请人写序。1134 年，李清照在杭州作《〈金石录〉后序》，这篇后序的影响力远远超过了《金石录》本身，流传千古。

它有重要的史料价值。其中有夫妇二人整理金石的甘苦，有赵明诚的生平事迹，有北宋王朝的覆灭，金兵的入侵，南宋小朝廷的狼狈逃窜，更有靖康之变后，以她为代表的北宋士人在战乱中的颠沛流离和金石文物在战乱中的悲惨命运。

它更有重要的文学价值和艺术感染力。叙事"委曲有情致，殊不似妇女口中语"；见识高远，"有此文才，有此智识，亦闺阁之杰也"；细节生动，"往往于琐屑处极意摹写，故文字有精神色态"。

更重要的是，全文有丰沛的感情灌注，让这篇序具备了血肉和生命。

金兵南犯之初，她便"四顾茫然，盈箱溢箧，且恋恋，且怅怅，知其必不为己物矣"。眼看着视若眼目的文物一点点流失，一点点毁灭，心痛心酸，悲愤难抑。她不知道怨谁，只能归咎于茫然端坐的命运。"或者天意以余菲薄，不足以享此尤物耶？抑亦死者有知，犹斤斤爱惜，不肯留在人间耶？何得之艰而失之易也？"当一切都无可挽回时，她只能安慰自己："三十四年间，忧患得失，何其多也！然有有必有无，有聚必有散，有理之常。"分分合合，聚散无常，是天意，是命运，人在其中，渺小无力，又何必太在意？

谁都知道，这是穷途末路之人自作解语。

她依然心怀故国，做着永不愿醒的家国梦。

她听着点滴霖霪的芭蕉雨，怪它"愁损北人，不惯起来听"。她在冷冷清清的院里"寻寻觅觅，凄凄惨惨戚戚"。她在元宵佳节，怀想着"中州盛日，闺门多暇，记得偏重三五"，它在"酒后尊前"，念念不忘的是人在"海角天涯"。

宋高宗绍兴三年（1133年），当得知朝廷要派韩肖胄出使金国时，她振奋衰飒的精神，提笔写下两首诗和一篇《上枢密韩公、工部尚书胡公》的文章。哀哀屠戮，心系家国。桑榆之年，铮铮铁骨。那些贫血失血的文人士大夫和偏安称臣装孙的南宋小朝廷，在她的面前相形见绌。

她越来越老了，没有家，没有子女，甚至没有一个可以真正读懂她的人。

想着自己唯一可以留下的，只有她的才华与诗篇。她很想找一个可以继承的人。

秋风里，偶有几个老友来访，她有一个姓孙的朋友，其小女十岁，极为聪颖。一日孩子来玩，李清照对她说，你也该学点东西了，我老了，愿将平生所学相授。不想这孩子脱口说道："才藻非女子事也。"

李清照不由得倒吸一口冷气，一把柔软的刀子剜心而入，一阵晕眩，手扶门框，才没有摔倒。童言无忌！原来在这个社会上有才有情的女子是多余的。而她……

这个世界上没有一个人能读懂她的心。

她在临安悄然逝世。

没有人知道具体在何时，具体在何地。她是不是像当年的苏东坡在黄州时一样："辄自喜渐不为人识。平生亲友，无一字见及？"她是否像苏东坡一样，完成了生命的突围，走向澄明，走向成熟，"勃郁的豪情发了酵，尖利的山风收住了劲，湍急的溪流汇成了湖"，聚成一道亘古未有的神秘光亮？

不知道，都不知道。

我曾想过她的种种死法，却怎么也不愿相信她是在无声无息的某个深夜或是黄昏，身边没有一个人，悄然离去的。那样太冷。

屈原选择了投江而死，死得悲壮；李白是在船上饮酒玩月而死，死得浪漫；杜甫是在一条漂泊的船上饥寒交迫而死，死得凄凉；李煜是在七夕之夜，被牵机毒酒赐死，死得冤屈。他们的死，都够写成一个个传奇，一个个故事，折射出人间百态，世上甘苦。

可我怎么也没有想到，李清照的死，这样不清不楚，不明不白，无声无息。甚至，在死的时候，别人还以为她活着。

那么，这就是她选择谢幕的方式吗？

没有人为你鼓掌，也要优雅地谢幕。是这样吗？多少风华故事淹没在岁月深处，而我只是其中的一粒微尘，悄悄地来，也悄悄地去。

挥一挥衣袖，不带走一片云彩，或一滴泪珠。

真水无香。也许，她不想用那种轰轰烈烈的方式收场。英国诗人济慈临终前，为他自己写好了墓志铭，他说："这里安息着一个把名字写在水上的人。"写在水上，随水而逝，无影无形，无声无色，来于尘归于尘，这种不争与洒脱，是一种浪漫，也是一种胸襟。

我不知道，那个时代为她的逝去，留下了怎样的表情。也许有叹惋，也许没有。也许是"亲戚或余悲，他人亦已歌"的轻描淡写。她，只是一个女子。

幸好，谢幕不等于结束，而是另一个开始。

既是传奇，哪有结束？

只是这世间的所有喧嚣，已与她无关。

不成怀抱

芳草池塘，绿阴庭院，晚晴寒
透窗纱。玉钩金锁，管是客来咿。
寂寞尊前席上，惟愁海角天涯。能
留否？酴醾落尽，犹赖有梨花。

当年曾胜赏，生香熏袖，活火
分茶。极目犹龙骄马，流水轻车。
不怕风狂雨骤，恰才称煮酒残花。
如今也，不成怀抱，得似旧时那？

《转调满庭芳》

　　写这首词的时候，李清照已经六十多岁了，客居江南久已，凄苦寂寞，旁人断难体会。

　　它并不是李清照暮年的代表作，流传当中，文有缺遗，现在我们看到的这首完整的词，很可能是馆阁之臣根据词境增添而成。

　　此词依旧在诉说着不胜今昔之慨，飘零之苦和对故国的怀念。

　　"芳草池塘，绿阴庭院，晚晴寒透窗纱。"寥寥几笔，清简有致，交代了时间和地点。春天的傍晚时分，一缕夕阳透过了窗纱。她一个人静静地坐着，坐在有着芳草池塘的绿阴庭院里。安静得像一株长在春光里的植物。

　　"玉钩金锁，管是客来咿。"这句有点奇怪。也许是真实的，有客来访，挑起了玉钩金锁，打破了原有的岑寂。也许是一种幻觉，陷入了沉思当中，恍然间一点风吹草动，让她误以为客人来了。我宁愿相信，这是她的幻觉，更显出她境况的凄清。

　　那么"寂寞尊前席上，惟愁海角天涯"是真实还是想象？其实并不重要。真实也好，想象也罢，尊前席上的浩歌狂热也掩盖不了她内心的寂寞。众人皆醉我独醒，众人都在喧哗我却独自沉默，这种才是无药可解的孤独。她始终无法融入进去，始终没有找到一种可以称为"家"的感觉。近在咫尺又如何，

心若不在，皆成天涯。人在江南，心在北国，她愁的是自己永远在海角天涯。一个没有家的人，始终郁郁寡欢，敏感而脆弱。

一切美好不可抗拒地逝去了，她带着怜惜，还有几分乞求，问春："你能留下来么？"酴醾已落尽，我无话可说，还能留下梨花么？或是，酴醾已落尽，幸好还有梨花。一切美好之逝去，都带着悲剧色彩。芳华如此，青春如此，旧梦如此。以往的一切不可复得，就连最狂热最坚贞的爱情，也遗落在风尘中。

只能在回忆中追寻。

回忆，回忆，回忆，仿佛之间，这一切都变得很不真实。

屋子里一片漆黑，就这样安静地坐着。

"易安！"那是他从楼上叫我的声音，清亮柔韧得像初夏塘边的芦苇——那是很好听的声音。他叫我，声音里带着清清的笑意。夜幕降临的时候树梢发出沙沙的响声，有飞鸟的翅尖轻轻掠过水面：刷——刷——只有这才是永久不变的声音。仿佛一梦醒来似的，我飞快地站起身来，利落地点燃了那烧茶的紫陶炉子。烟袅袅而起的时候，哦，这才是我真正的生活。身后幽深昏暗的房间就是那向着永远延伸的时空，只要认真望着，还能够隐约看见心爱的人，他就安安静静地坐在那里，修长白皙的手指勾连着一支修长墨绿的苇秆，他在想他的心事，默默品味着自己的微笑和哀伤。

"当年曾胜赏，生香熏袖，活火分茶。"踏雪觅诗、赌书泼茶、熏香饮酒，哪一件不是雅事？和有情人在一起，哪一刻不是至乐？犹龙骄马，流水轻车，哪一天不是节日？哪怕是狂风暴雨，也可煮着残酒欣赏风雨过后的残花。

一切，都成了曾经，都成了渺不可及的回忆。

现在的我，再到哪里寻找旧时的怀抱！

有些人、有些事，时过境迁，再相遇，也找不回初心，找不回原来的味道。

我常常在想，她要表达的是什么。活火分茶、生香熏袖，这样的雅事不是没有，临安虽比不得汴京，却也有着江南的柔媚旖旎和无可比拟的富庶繁华。柳永不早在《望海潮》中说过吗？看看这是怎样的杭州：

　　东南形胜，三吴都会，钱塘自古繁华，烟柳画桥，风帘翠幕，参差十万人家。云树绕堤沙，怒涛卷霜雪，天堑无涯。市列珠玑，户盈罗绮，竞豪奢。　　重湖叠巘清嘉。有三秋桂子，十里荷花。羌管弄晴，菱歌泛夜，嬉嬉钓叟莲娃。千骑拥高牙。乘醉听箫鼓，吟赏烟霞。异日图将好景，归去凤池夸。

　　回不去的，不是旧日的繁华，是旧时的情怀。临安虽好，怎抵得上有故事的汴京？

　　她的暮年几乎都是在临安度过的，几近二十年（若以 73 岁去世计）。二十年并不短，她却怎么也找不到故乡的感觉。念念不忘的一直是故国、故乡。

　　她到底在怀念故国的什么？

　　是豆蔻青春，《点绛唇》鼓起时的第一次脸红心跳？

　　是赌书泼茶、知音相赏的幸福时光？

　　是"才下眉头，却上心头"缠绵悱恻的相思？

　　是大相国寺里金石古物散发出的隽永的怀旧味道？

　　是汴京城里御街巷陌活色生香的市民气息？

　　是文士胜赏各逞其艳的风流华章？

　　还是一种只可意会难以言传的简淡清远低调安适的文化气质？

　　都有吧。这些都是她璀璨青春与温润盛年里最重要的记忆和片断，镌刻在她生命碑上，带着体温和呼吸。要想剥离，谈何容易。要想改变，有如再生。

　　称它为什么好呢？故乡情结。

　　一个人无论走多远，故乡如影随形，它是根。

　　故乡的山，普通得漫不经心，任何高峰伟岳也不能超越。故乡的河，浅陋得无地自容，任何大江大河都不能淹没。

　　离开了它，永远无乡可寻，无情可系，只能成漂泊。

点滴霖霪

窗前谁种芭蕉树，阴满中庭。阴满中庭，叶叶心心，舒卷有余情。

伤心枕上三更雨，点滴霖霪。点滴霖霪，愁损北人，不惯起来听。

——《添字丑奴儿》

年少的李清照和怯懦的李后主都想不到，悲哀寂寞和孤独会是他们后半生怎么也无法摆脱的噩梦。

都说李清照的不幸是从建炎三年（1129 年）八月其夫赵明诚的病逝开始的，九月就有金兵南犯。李清照带着撕裂般的心痛和沉重的文物一路上沿着皇帝赵构逃亡的路线逃亡着。

赵构一路抱头鼠窜，经越州、明州、奉化、宁海、台州，直到温州。追随着国君一溜烟远去的方向，李清照一孤家寡人，自己雇船、求人、投亲、靠友，带着她和丈夫一生搜集的文物在战火中苦苦坚守着。

这首《添字丑奴儿》写于温州。我们仿佛看见她站在战火四起的土地上，分外消瘦落寞的背影。惊魂未定中，她暂时安顿了下来。

窗前，那是谁种的芭蕉树呢？这看似无心的一问，却分明在提醒我们：她，只是一个客居异乡之人。一个独在异乡为异客的人，在孤寂的院子里转悠着。看见了什么呢？满院繁荫匝地。阴满中庭，阴满中庭，一个重叠，是在告诉我们这繁荫真是浓密得紧！密得让人透不过气，更显出小院的孤清来了。一个人，只有她一个人。在这孤清中能做些什么呢？看着那芭蕉，看着看着，那叶叶心心，舒卷着，仿佛脉脉含情。

这世界上没有一个可共言语的人，没有一个人读懂她的心，除了这芭蕉叶，舒卷有余情。孤独啊，孤独，能与自己对话的，能懂得自己的，却偏偏是这本该无情也无语的生命！这个悖谬，这种景象，想想都让人揪心。

这是她在庭院内看芭蕉，时间应该是在白昼。

此时芭蕉是伟岸的，高大，浓荫匝地，能给她阴凉的庇护。微风过去，叶叶心心，舒舒卷卷，对她吐露着欢情。那一定是青石铺就的院子，飘着淡淡的烟火，才适合她简淡清远的情怀。恍惚中仿佛遗落在时光的深处，风中传来熟悉的气息，像是从故乡漂洋过海而来的。一丝细小的柔情和感动潜入了心底，在这个瞬间，她几乎忘记了自己其实只是这里的过客。抬眼望去，芭蕉仿佛也带着无限的情意。

瞬间的怔忡。

毕竟，这芭蕉不知是谁种的，这院子也不是自家的，她只是客居在这里的一个过客。不知道何时，又要投奔到新的地方。对这棵多情的芭蕉，虽然喜欢，也有所保留，带着克制。

她终究是孤独的，只是在芭蕉的身影中，寻找故乡、亲人和熟悉的气息。记忆之光如此温暖，让她在这里可以平静呼吸。

然而，这并不是完结。在词的下片中，孤独还在蔓延着，深化着。

时间，时间，时间碎如流水。就这样把晨坐成了昏，坐成了夜。而人从来就是被改变的，被淹没的。"伤心枕上三更雨"，夜已三更，仍是无眠，偏偏还有雨。点滴霖霪，点滴霖霪，一声声敲打着的，不只是芭蕉叶，还有她那无处安放，无处着落的情绪与神经；这个重叠实际上也是把她难挨的感觉量化了，拉长了，强化了。这种孤独，这种惶恐，压抑与沉闷，种种感觉，没有身陷生命泥淖中的人恐怕是难以体会的。困厄之中，孤独的辙仿佛要把人碾碎，一阵惊悸，蓦地坐起，好像这样能逃得开似的。"愁损北人，不惯起来听。"那种煎熬于水火中的惶恐孤寂啊，到底要多大的力量才能反抗，才能打破？

这是她在雨中听芭蕉，时间已经到了夜晚。

夜阑人静，她欹枕卧听三更雨。这雨，打在芭蕉叶上，一声声，一声声，无休无止，缠缠绵绵，敲击着她的心。抬眼望窗外，窗外渲染着一层黑色的孤独，厚重得就像寒冬的被子。她忽然感觉到好冷，惊坐起来。她又想起了北方。北方的秋，也是萧飒的，但干脆明净。北方的雨，这个时候也有，但来去爽利，不像南方的雨这样纠缠不清。汴京城的秋意已经浓了吧？那样纯粹，那样厚重。全不似南方的秋，犹豫不决，这样阴柔。

多么渴望自由自在的呼吸和躁烈决绝的刚健。

点滴霖霪，点滴霖霪，愁损北人，不惯起来听。

一个人坐在异乡的夜里，以孤独为被，冷暖自知。我多么强烈地渴望你能不经意地走来，牵着我的手，走过这段漆黑的路。带我回家。

这首词在结构和意脉上极其考究，只是被她剪裁得不动声色，一种低调的奢华。时间从昼到夜，视角从看到听，心绪从瞬间恍然、忘了自己只是一个异乡人到猛然惊醒、知道自己只是一个回不去的过客。贯穿始终的主旋律是故国故乡之思，是回家。

这首词只是南渡后李清照生活的一瞥。这种折磨，这种情绪，这种情境，还要在今后的日子上演多少次？读一读她后来的词你就会明白。而她敏感的心偏偏不能麻木。真的无法把握，这个女人柔弱的身体里，到底流淌着多么激越的忧愤？到底要承受着多少家国之难所带来的孤独？我们不得不重新审视这个女人了。

郑振铎在《中国文学史》中评价说："她是独创一格的，她是独立于一群词人之中的。她不受别的词人的什么影响，别的词人也似乎受不到她的影响。她是太高绝一时了，庸才的作家是绝不能追得上的。"

其实，郑先生评价她高绝一时是指她作词的技巧。她的整个精神，又何尝不如是呢？天下莫柔弱于水，而攻坚强者莫之能胜。李清照，一个柔弱的女人，也是最坚强的女人。

文学史上，关于四季的诗里，总是以秋这部分写得最出色，最有味道。

李清照的这首词，以"芭蕉"这个特定的细微物象入手，融注她个人情

感和际遇，把一个漂泊者的秋心和灵魂刻画得细腻而悲情。尤其有意思的是，她的"愁损北人，不惯起来听"这一句，触及到了北方和南方的差异。郁达夫《故都的秋》，对南北之秋有段文字，说得很好：

　　有些批评家说，中国的文人学士，尤其是诗人，都带着很浓厚的颓废的色彩，所以中国的诗文里，赞颂秋的文字的特别的多。但外国的诗人，又何尝不然？我虽则外国诗文念的不多，也不想走出帐来，做一篇秋的诗歌散文钞，但你若去一翻英德法意等诗人的集子，或各国的诗文的 Anthology 来，总能够看到许多并于秋的歌颂和悲啼。各著名的大诗人的长篇田园诗或四季诗里，也总以关于秋的部分，写得最出色而最有味。足见有感觉的动物，有情趣的人类，对于秋，总是一样地特别能引起深沉、幽远、严厉、萧索的感触来的。不单是诗人，就是被关闭在牢狱里的囚犯，到了秋天，我想也一定能感到一种不能自已的深情，秋之于人，何尝有国别，更何尝有人种阶级的区别呢？不过在中国，文字里有一个"秋士"的成语，读本里又有着很普遍的欧阳子的《秋声》与苏东坡的《赤壁赋》等，就觉得中国的文人，与秋和关系特别深了，可是这秋的深味，尤其是中国的秋的深味，非要在北方，才感受得到底。

　　南国之秋，当然也是有它的特异的地方的，比如廿四桥的明月，钱塘江的秋潮，普陀山的凉雾，荔枝湾的残荷等等，可是色彩不浓，回味不永。比起北国的秋来，正像是黄酒之与白干，稀饭之与馍馍，鲈鱼之与大蟹，黄犬之与骆驼。

寻寻觅觅

寻寻觅觅，冷冷清清，凄凄惨惨戚戚。乍暖还寒时候，最难将息。三杯两盏淡酒，怎敌他、晚来风急？雁过也，正伤心，却是旧时相识。

满地黄花堆积。憔悴损，如今有谁堪摘？守着窗儿，独自怎生得黑？梧桐更兼细雨，到黄昏、点点滴滴。这次第，怎一个愁字了得！（《声声慢》）

《声声慢》这个词调名，始见于北宋晁补之，毛先舒《填词名解》云："词以慢名者，慢曲也。拖音袅娜，不欲辄尽。""慢"就是说，在唱曲的时候要延长音调，缠绵不尽地唱出，求的就是回环往复，大约有点咏叹调的意思。但是易安这阕《声声慢》却与众不同。原来的《声声慢》的曲调，韵脚压平声字，调子也相对比较沉缓，而易安的这阕词却改押了入声韵，并且大胆反复用了叠字和双声字，这就变舒缓为急促，变哀婉为凄厉。也因此许多学者对这阕词有不同的审美感受。

比如《词林纪事》引许蒿庐的批评说：李易安此词颇带伧气，昔人极口称之，殆不可解。郑骞也认同许蒿庐的说法，说这首词有点粗俗，他们不理解，许多年来人们都喜欢这首词是因为什么。所以说粗俗，大概是这首词的用字口白过重。当代著名的诗词大家叶嘉莹先生对李易安的这阕词也持有不同看法，虽然她不认为这首词流于粗俗，但对于"寻寻觅觅，冷冷清清，凄凄惨惨戚戚"一连十四个字的超级叠加，认为颇有过头。

一天下来，一个孤独的女人，在孤寂的院子里转悠，这种景象，连想一想都会让人揪心，更何况是一个敏感的天才诗人。好像上天给了她不让古人的卓绝才华的同时，也给了她许多不幸。

　　时间，时间，时间碎裂如流水，而人从来就是被改变的，被留下的，被掩埋的。

　　她没有孩子，身边也没有什么亲人，她确实老了，在杭州，一个衰老的女人守着一个孤清的院子，情何以堪。在落叶黄花之中，她吟出了这首几乎浓缩了自己全身痛楚的《声声慢》。

　　我看见这样一个女人，一身青衣，弱不禁风地徘徊在院落里，难以看清她的容颜，就是那身影分外的孤单，一卷书被清风无聊地翻弄开，浓黑的字迹在斑驳的光线下无声地倾诉着：

　　寻寻觅觅，冷冷清清，凄凄惨惨戚戚。乍暖还寒时候，最难将息。

　　寻寻觅觅，她寻觅的是什么呢？不好说，大写意的天下恍然，小写意的杯酒之间，你不知道这个女人柔弱的身体里，到底流淌着多么高亢激越的忧愤，你怎么会知道她的心？

　　一个弱女子，感慨身世家国，发出的是吊祭自己悲哀和国运衰败的凄凉语，还有一种难以言明的情绪。困厄之中，彷徨难言。她的情怀和境界，早已超过了一般女作家和自己早期所写的"闺情"。

　　沈祖棻说："她早年的作品也写愁，但那只是生离之愁、暂时之愁、个人之愁，而这里所写的则是死别之愁、永恒之愁、个人遭遇与家国兴亡交织在一处之愁，所以使人读后，感受更为深切。"

　　"寻寻觅觅，冷冷清清，凄凄惨惨戚戚。"三句十四字，由浅入深，由外而内，层层深入。

　　"寻寻觅觅"，四个字，劈空而来。总感觉像丢了点什么，心情无着无落，空洞荒芜得像长了草。无可排遣，无可寄托。她只能在这个孤独的院子里，像失了魂一样地转悠，寻找着。是寻找以前的生活，还是旧时的爱情？是寻找丢失掉的文物，还是已然逝去的华年？是寻找再也回不去的故国旧梦，还是寻找新的期待与需索？

　　不知道，不知道。也许她什么也没有找，只是想释放长期折磨着她牢牢占

据着她心灵的悲哀。她需要用"寻寻觅觅"这样一个动作，提醒自己还活着，还在痛，还想抓住一点什么，让飘浮的心有个着落。

"冷冷清清"，这是她苦苦寻觅后的所得吗？冷冷清清，是环境，更是心境。若有所失，中心无主，忧心如醉，想通过寻找抓住一点什么，结果什么也没有得到。所得到的，仍然是无边无际无着落的空空！如梦初醒般，她知道这里什么也没有，心里什么也没有，只有：冷冷清清！

"凄凄惨惨戚戚"，忘了时间，忘了空间，忘了自己身在何处，忘了自己此时此刻还站在这里——一个小院子里苦苦寻觅着。只有内心，只有一种凄凄惨惨戚戚的饱满悲伤的情绪充盈在天地间，而我，已不是我。是被悲伤吞噬淹没的一个无有。

一气贯注，如弹丸走板，骏马注坡。

如果没有身陷泥淖的感同身受，如果没有一种真气运行其中，徒然模仿其形式，追踪其步伐，只是枉然而已。

历来评家，对这十四字激赏如潮。张端义《贵耳集》云："此乃公孙大娘舞剑手。本朝非无能词之士，未曾有一下十四叠字……后叠又云'梧桐更兼细雨，到黄昏点点滴滴'，又使叠字，俱无斧凿痕。"没有斧凿，是因为这是从她心底里自然流出来的，它们早已等待在那里了，仿佛具备了生命和血肉，只等她找到一个出口，在适当的时候放它们出来，代自己说话。所以，后来的人学不到，即使是形式上学了，也只是东施效颦而已。

元人乔吉《天净沙》云："莺莺燕燕春春，花花柳柳真真。事事风风韵韵，娇娇嫩嫩，停停当当人人。"通篇都用叠字组成。陆以湉《冷庐杂识》就曾指出："不若李之自然妥帖。"《白雨斋词话》更斥为"丑态百出"。原因何在？少了一个"真"字。

"乍暖还寒时候，最难将息。"一"乍"一"还"，写尽了气候的善变与不稳定，人也跟着这种天气，情绪高高低低，起起伏伏。这种颠簸无定的感觉，有如逃亡，有如漂泊，实在让人难以将息承受。三杯两盏淡酒敌不过晚来风急，淡酒浇不了浓愁。她不想说愁，却去责怪风。

正是在这个时候，一群征雁，蓦然闯入。掠过高空，打破了陷在愁闷当中的死寂。只是，它带来的不是解脱，而是伤心。雁到秋天，由北而南，自己也是北人，避难南下，它们应该是"旧时相识"吧？如今却与自己一样，沦落天涯。

雁子去了，还有再回的时候。纵使南下，也带着北国的气息。自己，却再也回不去。

这是那个"云中谁寄锦书来？雁字回时，月满西楼"的雁子么？恍然之间，她好像听到了一个声音——易安。他叫你。回过头去，风在飒飒作响，空中有绵密的酒香。恍惚记得，这样的声音，这样的风，好像从前在哪里见过……

"嗯。"你应着，转过头去，除了满地堆积的黄花，什么也没有。

"满地黄花堆积，憔悴损，如今有谁堪摘。"堆积在枝头的黄色，占尽秋色，那么风光，现在也只是萎谢了。憔悴地挂在枝头，没有半点颜色。又有谁去关心，谁会把它摘下戴上头呢？往日的这个时候，自己是有兴致的，不会对它们不管不顾。如今与他人一样意兴萧索。你会怪我么？

"急风欺人，淡酒无用，雁逢旧识，菊惹新愁，所感所闻所见，无往而非使人伤心之事，坐在窗户前面，简直觉得时间这个东西，实在坚固，难以磨损它了。守着窗儿，独自怎生得黑？""黑"字韵极险，她用得极妥帖。陈廷焯说："'黑'字不许第二人押。"如此险韵，将她的愁情一步步推向极致，无法纾解。

这样还不够！还有"梧桐更兼细雨，到黄昏，点点滴滴"。这棵梧桐，前面她已说过。"西风催衬梧桐落。梧桐落，又还秋色，又还寂寞。"一叶落而关天下秋的梧桐，此时在她眼里，是寂寞，是孤独，是秋天给她沉重的问候。还有千古关愁的黄昏，还有点滴霖霪的秋雨。不但滴向耳里，而且滴向心头。整个黄昏，就是这么点点滴滴，什么时候才能完结呢？还要多久才能滴到天黑呢？它们像商量好了似的，不管不顾，齐齐地向她这个独自守着窗儿的老妇砸来。排山倒海，汹涌而来，她不得不大声呼喊："这次第，怎一个愁字了得！"

无限痛楚抑郁之情，从内心喷薄而出。

无数细碎集合而成的壮观，由无数忍耐集合而成的巨大的力。

让人震惊。

写这首词时，南宋与金已达成和议，临安俨然是旧时的汴京。一干君臣重新拾起了旧梦，过着安然的生活。人有时就是这样健忘，好了伤疤就立即忘了痛。会有那么多热情，投入另一段生活。你瞧瞧林升《题临安邸》里说的："山外青山楼外楼，西湖歌舞几时休。暖风熏得游人醉，只把杭州作汴州。"

林升是念旧之人，长情之人。她也是。总以为到了暮年，客居在相对稳定的临安，阅尽了世间的风雨和繁华，她的心应该像老顽童贺知章一样淡如镜湖水，春风不改旧时波。可是，我分明失望了。

她始终念旧，始终充满了痛苦。她的生命里总有一种无法熄灭的激情。

没有激情的日常生活是冗长无味的，有了激情，便有了清醒，有了痛苦，有了将痛苦化为生命珍珠的可能。

落日熔金

落日熔金，暮云合璧，人在何处。染柳烟浓，吹梅笛怨，春意知几许。元宵佳节，融和天气，次第岂无风雨。来相召、香车宝马，谢他酒朋诗侣。

中州盛日，闺门多暇，记得偏重三五。铺翠冠儿，捻金雪柳，簇带争济楚。如今憔悴，风鬟霜鬓，怕见夜间出去。不如向、帘儿底下，听人笑语。

《永遇乐》

这首词依然是李清照晚年流寓临安时所作。

某一年的某一个元宵佳节，盛大的场面热烈的气氛，让她恍然间心意萌动。往事又悄悄潜上心头，山茶花般浓盛。她无法释怀，无法忘情拥抱新生活，只能在回忆的缝隙中，望过去。望着这个人间的喧嚣与繁华，静静地，不去惊扰。

如果一切还能重来，我不希望，不希望只记得你们的样子，像雕塑尘封在记忆的相片中。

如果一切还能开始，我不希望，不希望在老去的时候，只能说一句，人生长恨水长东。

落日熔金，暮云合璧，这个元宵的傍晚很美，美得让人恍然间不知今夕何夕，不知身在何处。是在临安？还是在汴京？迷失般的错愕。浓密的柳色，浸染在傍晚的烟雾中，玉笛中漾出的《梅花落》，透着余音袅袅的轻愁。春天，真的就这样来了吗？我不知道，这一问，是难以置信的疑惑，还是恍然大悟的惊喜。

"落日熔金，暮云合璧"，这个工整的四字对，我实在不知道怎样将它恰当地表达出来。它就像是一块完整的玉，玲珑剔透，拆分开来，不成片断，也

了无诗味。你只能恍惚觉得它美，却又无法具体说出它的形象。冯其庸先生在亲身经历后，才觉出了其中的好来。"一九七一年，予在江西余江县，居处在山冈上，四围皆松林。每当秋日傍晚，见西北一带，山色如翠黛，长空云霞万里似锦，倏然变化，尤令人神往者，当落日衔山，将下未下之时，其色鲜红莹明……因叹易安体物之切，捕捉形象之敏快也。"

江南大气融和，草长莺飞。如璧玉般清透的暮云烘托着落日的光晖，这个元宵佳节，理当让人沉醉。看着热热闹闹的天气，热热闹闹的城市，热热闹闹的沉醉在节日气氛中的人，我的心快被融化了。却在将化未化之际，泛起一丝清冷的忧虑。谁能保证这种好光景就能一直不变持续下去？谁能说瞬间的美好就能成为永恒？经历了太多的翻云覆雨、措手不及，我不敢挥霍眼前快乐的光景，不敢毫无保留地轻信。谁又能保证这风光霁月的背后"次第岂无风雨"？

不要笑我多心。正因为快乐太突然，美太珍稀，才让我如此患得患失，不敢相信。因为痛苦总在欢乐的极致悄然降临。没有希望，才不会有失去希望的绝望。我对风雨，心有余悸。美好总在瞬息之间遗失，此一时的好天气彼一时的风雨，相隔不过一眨眼的距离。

有了这种顾虑，"来相召、香车宝马，谢他酒朋诗侣。"酒朋诗侣乘宝马香车相邀，我不是不心动，不感激，多想像她们一样尽情投入。挪得动脚步却挪不动心情。还是谢了吧，谢了你们的好意。热闹是你们的，我守着自己的清欢罢了。

融融泄泄的节日里有了惴惴不安的风雨之忧，谢了诗朋酒侣的热烈独守着冷眼旁观的冷清。短短的上阕里，心境腾挪跌宕，摇曳生姿。迷了看客的眼，乱了当事者的心。

当下的欢乐热闹，她选择缺席。只能从记忆里捞起往日的点滴，聊作慰藉。她又一次掉进了回忆中。

你看，那是在东京。那时我还是少女，闺门多的是闲暇，还有明亮的心情。也是在这样的一个天气，这样的一个元宵佳节里，我和朋友们戴着镶有翡

202

翠的帽儿，还有元夕时特有的头饰"珠翠闹蛾，玉梅雪柳"，穿着整整齐齐、华丽鲜艳的罗裙，像比赛似的，欢欢雀跃地去看花灯，闹元宵。那时多好，有闲暇，有心情，有伙伴，有青春，占尽了天时、地利与人和。回想起来，那种热烈纯粹的味道依稀浮荡在空气中，让人身不由己地沉醉。

青春，这两个字念起来，让人心疼。看看吧，看看现在的自己，所剩唯憔悴的面容，花白的头发，衰老的心境。如何夜间出去？还是不出去罢了，这样的衰飒在浓烈明艳的节日里，怕是会煞风景。何况自己，再难以拾起往日的情怀，纵身在热闹红尘，心却激不起波澜了。

屋外的喧哗、斑斓，入耳入目。

屋内的人太孤独、太冷清。终于还是忍不住掀起门帘儿的一角，偷偷地，听他人的欢声笑语。往日的盛大、欢乐，自己都曾拥有，现在却只留存在记忆当中，留存在撩起的门帘的小小一角。

昔盛今衰，人乐我苦，几年后，刘辰翁读到这首词时每每"为之涕下""辄不自堪"。

从这首词中，有人不但看出了她晚年的精神变化，还看到了物质生活的变化。沈祖棻说：

> 她说"中州盛日，闺门多暇"，这就反证了南渡暮年，闺门少暇。归来堂中的赌书泼茶，建康城上的戴笠寻诗，恐怕早已被琐屑的家务劳动代替了。由于贫困，不能不亲自操作，就忙了起来，这是可推而知之的。其次是她说"向帘儿底下，听人笑语"，这决不是住在深宅大院、有重重门户的大户人家所可能，也决不是上层妇女的行为。只有一般市民，居宅浅狭，开门见街，妇女才有垂下帘子看街上动静和听行人说话的习惯。而她竟然也是如此，则其生涯之潦倒，就更可想见了。

我不愿这样想象她的处境。我知道即便这真的是她暮年的生活处境，她依然可以做一个精神的贵族。她一直以来，就是如此。那种贵族气不只是物质熏染烘托出来的，而是从她骨子里流露出来的。风雨不改其色，流年不改其诚。

我只是希望她能活得好一点，自由一点。除了精神，她已经一无所有了，怎么忍心，还来剥夺她的自尊？

　　这首词，还透露出宋朝的一些民俗及市民生活的一角。

　　很明显，宋代已经取消了禁夜令。

　　唐代有着史上最严格的禁夜令。每晚，军士以鼓声周知百姓，提醒人们禁夜开始，晚间的行动自由没有了。若有违禁者，要受笞刑，挨板子。晚唐大名鼎鼎的风流诗人温庭筠因为"醉而犯夜，为虞侯所击，败面折齿"。

　　唐代的长安，日暮鼓动，户户关门，坊市禁闭，路人绝迹。

　　宋代的汴京和杭州，却是名副其实的不夜城。那时是坊市合一，夜市未了，早市开张。孟元老的《东京梦华录》里有"州桥夜市"一段，记录了北宋夜市之繁华：

> 太平日久，人物繁阜。垂髫之童，但习鼓舞；斑白之老，不识干戈。时节相次，各有观赏。灯宵月夕，雪际花时，乞巧登高，教池游苑。举目则青楼画阁，绣户珠帘。雕车竞驻于天街，宝马争驰于御路，金翠耀目，罗绮飘香。新声巧笑于柳陌花衢，按管调弦于茶坊酒肆。八荒争凑，万国咸通。集四海之珍奇，皆归市易；会寰区之异味，悉在庖厨。花光满路，何限春游；箫鼓喧空，几家夜宴。技巧则惊人耳目，侈奢则长人精神。

　　取消了禁夜，就相当于松开了绑在人身上的桎梏枷锁。有宋一代，正是因为没有禁夜，文化、商品经济才空前发达。陈寅恪说："华夏民族文化历千年之演变，造极于赵宋之世。"

　　这样的自由与开明，这样的繁盛与文明，这样的雍容与穆雅，李清照怎么忘得了，怎么不念念不忘旧家国呢？宋金和议后，临安的繁华不亚于汴京，但一直处在金人、蒙古人、女真人的虎视眈眈下，仰人鼻息，苟安一隅，在北宋汴京时的那种优越感和安全感，已荡然无存了。

　　他乡信美，终非吾土。李清照一直难以释怀的，是她的旧家国。

Chapter 10

流　年

李清照崛起于大宋，并不是偶然。

　　两宋文化的空前繁荣，给她提供了最好的土壤。两宋文化清雅阴柔的审美气质，给了她最好的契机。她与这种文化审美气质水乳交融。

　　时代的面影深深烙在她的字里行间，她的面影也深深烙在了两宋的历史画卷之中，永不会被人忽略。她与这个时代相互成全。

　　除了时代的面影，还有个人的际遇。

　　每个人，都是无数过去的集合体。际遇会将人生整合分流，人无法永远生活在同一片水域。有些属于小溪，有些属于湖泊，有些注定要汇成大江大河。

　　李清照的人生际遇，有幸，也有不幸。

　　幸与不幸，她都拥有了，也都是成全。

　　你看到的华美，无一不是成全。所有的平淡流年，背后都有一个很长的故事。

她的个性中有小女人的一面，随处可见，并不比任何女子逊色。

　　若她只有这一面，她会永远低在尘埃里，开不出花来。

　　真正让她成为独特的这一个，成为李清照的，是她的清傲与刚性，是她超拔流俗之上的见识与情怀。

　　她和所有的天才一样，注定要燃烧自己，照亮她的时代。

　　所有超越时代的人，注定不为时代理解或宽容，注定在引人瞩目的时候，也引人侧目。

　　这样的人，始终逃不开孤独的宿命。

　　幸好，智慧必来自孤独。

　　那些能克服当代性的人，才能跳出来，成为不平凡不平庸的人。

面 影

吾辈自有乐地，悦耳初不在声，尝见前辈诸老先生多蓄书法、名画、古琴、旧砚，良以是也。

任何人都会被烙上时代的印记，或深或浅，程度不同而已。

李清照在整个中国文学史上，是一个异彩。但她崛起于大宋这个时代，似乎并不完全是偶然。"华夏民族文化历千年之演变，造极于赵宋之世。"两宋文化的空前繁荣，给她提供了土壤。两宋文化清雅阴柔的审美气质，给她提供了契机。而宋词，这种感性多情的文学形式，是她呈现自我风华的最佳载体。

两宋特有的文化气质成全了她，她也在两宋文化的长河中激起了一朵绚烂的、堪与男子媲美的浪花。

两宋时期，士大夫阶层的社会地位到达极至，由此而影响了士人文化的空前繁盛，波及诗、词、文、书、画各个领域。他们一方面高扬道德主体、内心情操，一方面大肆提倡士人的雅趣、文人的韵味。在文化审美趣味上，则呈现出尚"清雅"、重"平淡"的特征。

他们追求的"清雅"，是一种非圣非凡的境界。既不等同于不食人间烟火、超逸绝尘的隐逸，也不等同于混迹尘下、下里巴人的俗气。它"不执"于外物，始终保持着心灵的敏感与丰富。在红尘车马和自然日常之中觅一方心灵之清境。

正如邵雍《清夜吟》所说："月到天心处，风来水面时。一般清意味，料

得少人知。"苏轼《记承天寺夜游》中最动人心魂的是"何夜无月，何处无竹柏，但少闲人如吾两人者耳"。万物在静观中皆有雅韵，四时佳兴不在别处，正在你的身边。

只要有清兴，生活中处处有雅韵。喝茶、熏香、玩古，无不渗透着清雅之意，也无不是宋代士人对"清雅"之审美趣味的践行。泡在茶香、熏香、书香当中，李清照犹如一枝清梅，傲然绽然在大宋士人群体的枝头。

李清照爱茶。

她爱喝茶。与赵明诚屏居青州时，两人最大的乐趣是在整理收集金石之余赌书泼茶。茶香氤氲在她的生活中，也氤氲在她的诗词里，更渗透在她的记忆里。南渡之后，或是病中初起之时，或是元宵佳节之夜，她眷念着往日的茶香，情不能自已。

她也懂茶。在她眼里，茶不只是发挥了一种生理功能。茶之性淡与味长，也贴合了她清雅的审美趣味。而分茶，则是茶之实用功能与禅意的完美结合。"豆蔻连梢煎煮水，莫分茶""生香熏袖，活火分茶"，分茶是她的茶语。

茶与禅，本是一味。

不但是她，我们看到陆游"每与同舍焚香煮茶于图书钟鼎之间"，看到文同"唤人扫壁开吴画，留客文轩试越茶"，看到周紫芝"城居可似湖居好，诗味颇随茶味长"。诗、茶、禅在他们是三位一体的关系。

漫漫千年，没有茶，这些士人可怎么办？李清照又该怎么办？

李清照爱金石古玩。

宋代"学士大夫雅多好之"。对古器的赏玩是对时间的超越，它能激发赏者的幽思，也能表现收藏者的学识与清雅。宋代士人对古玩金石的收藏与痴爱是空前的，但也仅限于士人。李清照作为一介女流，凭着对金石的一片痴心和卓异的才情，也加入"文玩"者的行列。她与赵明诚半生致力于金石，其间甘苦，她在《金石录》后序中都提到了。而这些金石文物最终遗失在战火中，让她在恋恋怅怅不已之际，只能对苍天而问命运，这种无力无助与绝望，又岂是旁观者所能体会其万一？

她与赵明诚的姻缘，因金石之故，而闪现出如金子般的光辉。金石的流失，也意味着她生命的黯淡与枯萎。那些金石带着她的情感和体温，早已与她是二而一的东西了。

赏玩金石，对一个闺中女子来说，不只是一种趣味，一种性情，更是一种胸怀，一种境界。她说过，她之至乐"在声色犬马之上"，她"甘心老是乡"。一个本应在社会体系之中默默无闻站在时光深处的女子，却有着如此坚定的情怀，清雅的趣味，高尚的境界，这不能不算一种奇迹。

"吾辈自有乐地，悦耳初不在色，盈耳初不在声，尝见前辈诸老先生多蓄书法、名画、古琴、旧砚，良以是也。"弃声色耳目之乐而专金石古玩之韵，需要静，需要心灵充实而淡泊。这种情怀，不正是现代人所缺乏的吗？

两宋之际，士人的地位达至空前，市民文化也空前繁荣。宋代改变了唐时坊市的区分制度，不但任何街道都可以开店营业，还取消了"禁夜"。市民文化的兴盛，既让士大夫享受着都市的繁华和活泼泼的生活气息，又让他们不自觉地与市民之"俗"保持着一定距离。这种心态很微妙，市民文化审美趣味仍悄然渗透并影响着士人的生活。

体现在审美理想上，则是崇尚淡泊。

宋代文尚平易，诗尚平淡，画尚远逸，书尚简古。这种平淡带着深深的理性色彩，也富有深厚的韵味，而不是一无所有的平淡，是"发纤秾于简古，寄至味于淡泊"。外枯中膏，似淡实腴。

你只要看看《清明上河图》，便能明白宋代的市民文化与活泼的生活气息。你只要看看宋代的瓷器，那种不外露、不张扬的简练淡雅，便能明白宋人所追求的"平淡"是一种什么样的境界。

这些气质，在李清照的身上我们都能感受到。

她最爱的花是梅，梅之清、之瘦、之雅、之淡，符合她的气质。她像一朵梅，不争不抢地活在这个尘世，却散发着让人无法忽略的幽香。

但最能让李清照是李清照的，是宋代的另一种文体——词。

词本来产生于晚唐五代，而造极于两宋。自李煜开始，词又从民间走向士

大夫阶层。两宋的士大夫，在"言志"之诗外，是如此钟爱这条可"言情"的"词之小道"，一方面遮遮掩掩，一方面又情不自禁地投入到它的怀抱。词虽在文人士大夫手中雅化了，但它的母体是民间，是市民。

词之天然的言情功能与阴柔气质，简直是为女性量身订制的。奇怪的是，一直以来是"男子作闺音"，它在静静等待着，等着一个最适合它的代言人——于是，她来了。

是词，让她如鱼得水，丰富了她的生活和生命。也是她，让词呈现异彩，在词史上留下了唯一一个不可磨灭的女性身影。

她，为词而生，以借词而生！

际遇

幸和不幸，她都拥有了，也都是成全。你看到的华美，其实无一不是成全。所有的平淡流年，背后都有一个很长的故事。

张爱玲说："如果你认识从前的我，也许会原谅现在的我。"

每个人，都是无数过去的集合体。这些过去，又是由每个人特殊的身世际遇组成的。

际遇会将人生整合分流，人无法永远生活在同一片水域。有些属于小溪，有些属于湖泊，有些，注定要汇成大江大河。

李清照的际遇，并没有太多的传奇性，但在当时，并不普通。

我不想从她的身世背景说起，虽然她的父亲是苏轼的再传弟子，母亲也颇通文墨，这些对她到底有怎样的影响，看不见，摸不着。会渗透在她的血液里，但不能决定一切。她十六岁之前的生活，无人知道。

公元前我们太小，公元后我们太老。没有谁看见，她站在时光深处那个真实的微笑。

家学渊源，时代濡染，这些陈辞滥调不用再重复。她成名那么早，十六岁时所写的诗与词，已然惊动了汴京。在渊源和濡染之外，我更相信，这是天赋。

唯天赋，非人力能及，不可强求。

偏巧她的天赋又发挥得那么好，没有受到过多的阻挠。

她有"词"这个特定的文学形式,并借由"词"来延伸她的想象、情感和生命。

她有父亲为她逢人说项,"中郎有女堪传才",是对她的褒扬,也是对她的纵容。

她的青春是明媚的,"常记溪亭日暮,兴尽晚回舟",多么自由。偶尔有点"知否,知否,应是绿肥红瘦"的忧伤,也那么透明。

她与赵明诚的婚姻是幸运的。

夫妇而擅朋友之胜,这是她人生际遇中最值得书写的一笔。

女性过去几千年来的角色定位,都拘泥于道德和功能层面。大抵不外乎"宜室宜家"四个字。她们只能低眉顺首,做一个个成功或不成功男人背后的女人。不谈感情,不谈爱情。谈了,就被视为异数。要么逃不了悲剧的命运,要么被推上道德的审判席。

男人要表达他的感情,可以对着歌儿,对着舞女,就是不能对着闺中那个为他传宗接代的人。十年一觉扬州梦,赢得青楼薄幸名——对他们而言,不是耻辱,是荣耀。"今夕何夕,见此良人"的惊喜莫名少而又少,"桑之落矣,其黄而陨"的怨妇多而又多。能从一而终,就是一种幸运,"爱情"两个字,太奢侈。

几千年来,既是夫妇又兼知己者,寥如星辰。李清照与赵明诚就是其中的一对。

金石是维系他们情感的媒介,也是他们毕一生之力共同致力的事业。有此追求,劳劳尘世里,既有情怀,也有雅韵;既成寄托,也成趣味。

青州屏居的那十年,成了她生命中抹不去的底色与回忆。

还有词。对李清照的咏絮之才,赵明诚欣赏并包容。为了超越李清照的那句"帘卷西风,人比黄比瘦",他可以将自己关在家里三天三夜,苦苦思索。这样的行为,有点傻气,却在傻当中证明了他对她的激赏与诚恳。在莱州时,对李清照踏雪觅诗,他虽然"每苦之",却并没有阻止李清照的自由。

与李清照几乎是同时代的两个女人,魏夫人与朱淑真却没有这样的幸运。

魏夫人嫁给了曾布——以政治为生命、无暇顾及儿女情长的人。她有才，有良好的教养，却没有一个可视为知音的丈夫。她的才华没得到施展，停留在闺房之内。她压抑着自己的真实内心，将自己修炼成一个真正的"鲁国夫人"。

朱淑真，出身也好，才华更高，却嫁给了一个市井小官吏。他无法理解她的清雅与哀愁，更没有试着走进她的内心。给她的除了歧视还有肉体的折磨。她一面在心中复活并祭奠她渴望的真情，一面在现实的泥淖中难以自救。无路可去，这个冰冷的尘世没有值得她眷恋的东西，她选择了投水自尽。

她们的词多抒发个人哀怨愁苦或是思念，思念的对象不是丈夫就是情人。带着过于浓厚的脂粉气和哀怨色彩，没有走出闺阁一隅，也没有突破个我私情。

她们的际遇，决定了她们只能是魏夫人和朱淑真，而不是李清照。即使有人将朱淑真与李清照相提并论，其实她们不是一个重量级。

李清照的人生又是不幸的。

以南渡为界，她的生活被活生生拆分成两个部分。

一路流亡与颠沛，文物丧失殆尽，国家风雨飘摇，家庭支离破碎，她柔弱的肩膀扛着这一切，独自蹒跚在异乡的深夜里。

南渡这个历史际遇，是她人生的不幸，也磨砺了她的品性，淘洗出真金。是她人生中不堪回首也无法逃避的际遇。

国家不幸诗家幸，赋到沧桑辞更工。

时代的变幻熔铸入她个人的际遇，让她的词走出狭小的闺阁私情，变得厚重而凝练。就如李后主，如果没有亡国之变故，他又如何变得"眼界始大，感慨遂深"，又如何憬悟到宇宙与人生的无常、历史的盛衰与宿命呢？

"一切文学，余爱以血书者。"文学之至真至诚难道非得以个人的亲历为代价吗？非得用整个北宋的沦陷来成全一个千古的词人吗？别羡慕她，在那个时代里，唯真诚足以倾城。

如此，再回过头来看看魏夫人与朱淑真。

魏夫人大约在靖康之变前去世，没法感受南渡之后带给人的心灵创痛与矛盾纠结。朱淑真是南宋中期人，没有经历过身在北宋的繁华与自信。她们的命运之途太平坦了，没有天上人间的落差，没有落花流水的悲愁，波澜不惊的生活，如一潭激不起微澜的死水，不会给人带来更多的激情与丰富的感受。

有些东西，不经过阅历的洗涤与沉淀，始终太单薄太轻浮。

沧桑的阅历，会让人在受尽磨难之后，心变得更辽阔。这就是人生的平衡。

南渡之后，临安又耗尽了李清照近二十年的时光。

二十年，不短。

时间不一定能证明很多东西，但是可以让人看透很多东西。

幸和不幸，她都拥有了，也都是成全。

你看到的华美，其实无一不是成全。所有的平淡流年，背后都有一个很长的故事。

她无法忘怀家国之痛，无法忘怀已逝的青春，无法与这个世界温暖相依，放下一切痛苦和心中的执念，在临安做一个安于生活的顺民。

所以，时间过去了，她始终过不去。始终痛苦。

天才是像陨石一样，注定了要燃烧自己来照亮他的时代。

罗曼罗兰说："一个人的性格决定他的际遇。如果你喜欢保持你的性格，那么，你就无权拒绝你的际遇。"

李清照的性格中有女人天生的柔婉细腻、敏感多情，也有一般女人所没有的清傲与刚性。

柔婉多情，让她在爱的世界中更像一个小女人。清傲刚性，让她超拔于流俗之上，成为一个独特的大女人。如水般的缓缓柔情和如山般的悠悠厚味，让她在两宋的天空里脱颖而出。如果没有那点点不同，她也只会是第二个魏夫人或朱淑真，或者是淹没在历史长河中的一个没有名字的女人。

她小女人的本性，随处可见。在"怕郎猜道，奴面不如花面好。云鬓斜簪，徒要教郎比并看"的娇嗔灵动里，在"此情无计可消除，才下眉头，却上心头"的细腻缠绵里，在"帘卷西风，人比黄花瘦"的销魂憔悴里，在"多少事，欲说还休"的敏感微妙里。她身上散发出来的女人味，本色而又天然，不会比任何一个女人少。

如果她个性里只有女人的一面，她永远会低在尘埃里，开不出花来。

真正让她成为独特的这一个，成为李清照的，是她的清傲与刚性，一种诞生于婀娜中的刚性。

她的确是清傲的。

一个人如果才华和见识真的高人一等，傲慢也就不会太过分。

十六岁时，一曲《如梦令》，已然惊动了汴京。一首《和张文潜诗》，更让人窥见了隐藏在柔弱外表之下、一个豆蔻少女不让须眉的见识与胆气。她有资格清傲，因为这种清傲不是出自浅陋无知，它有着充沛的底气。

仔细读读她的词，如果说"言为心声"，在她早期的词中你能感受到一种精神上的优越和自信弥漫其中。

她说桂花"何须浅碧轻红色，自是花中第一流""风度精神如彦辅，大鲜明"，她说梅花"莫辞醉，此花不与群花比"，她买得一枝春欲放，也"徒要教郎比并看"。对她而言，不与群芳争艳，她也自是令人不敢逼视的那一朵。

她的清傲与超拔更体现在那篇《词论》上。

清人裴畅对她的傲，颇为不满："易安自恃其才，藐视一切，语本不足存。以一妇人能开此大口，其妄不待言，其狂亦不可及也。"她对当时文坛、词坛上的前辈大家挨个评论一番，直指其短，让人震惊。她说：

> 逮至本朝，礼乐文武大备。又涵养百余年，始有柳屯田永者，变旧声作新声，出《乐章集》，大得声称于世；虽协音律，而词语尘下。又有张子野、宋子京兄弟，沈唐、元绛、晁次膺辈继出，虽时时有妙语，而破碎何足名家！至晏元献、欧阳永叔、苏子瞻，学际天人，作为小歌词，直如酌蠡水于大海，然皆句读不葺之诗尔。又往往不协音律，何耶？……王介甫、曾子固，文章似西汉，若作一小歌词，则人必绝倒，不可读也。乃知词别是一家，知之者少。后晏叔原、贺方回、秦少游、黄鲁直出，始能知之。又晏苦无铺叙。贺苦少典重。秦即专主情致，而少故实。譬如贫家美女，虽极妍丽丰逸，而终乏富贵态。黄即尚故实而多疵病，譬如良玉有瑕，价自减半矣。

且不论其合理与否，单是这种敢挑战权威主流的勇气，也决非一般中庸之辈所能做到的。而她批得如此尖锐，"破"得如此决绝，没有私心，只是为了

强调"词别是一家"的理论！宋词在当时勃兴，呈现出庞杂的形态，需要一定的理论去规范提升引导。

如果这种理论，依然是四平八稳的中庸并取，如果倡导这种理论的人，没有新人耳目的真知与坚定不移的风范，又如何启人思、醒人志呢？

她的超拔，还在于她的婚姻。

她用自己的切身经历告诉人们，女子在婚姻中也有要求幸福、表达自我的权利，这是朦胧的女性意识觉醒。觉醒是灵性的开花，一个觉醒的灵魂，才能将生命推至更广大更丰富的境界。

她和赵明诚的婚姻，有天定，也有人为，并不是误打误撞的伉俪情深。一个是有见识的闺中才女，一个是倾心于金石整理的素心人，二人的结合本来就有基础。婚后，二人志同道合，吟赏风月，致力金石。闺房之乐，让感情更加绸缪；闲情雅趣，让心思更加澄明。共饮共醉，赌书泼茶；同进同出，收集金石。相依相守，淡泊明志。

他们是平等的。是夫妻更是知音。

她远远走在同时代女子的前面，堪堪是"此花不与群花比"。当无数后人以仰望的姿势看着她时，她信手一阕小词，便波澜了你我的整个世界。

她超出流俗的还在后头。

南渡之后，在流离漂泊、夫死家亡、支离憔悴、孤苦无依之际，她选择了再嫁。再嫁需要勇气，尤其是在重贞节烈妇的伦理束缚之下。再嫁，并没有让她找到真正的知心人，却让她陷入了说不尽的龌龊和折磨之中。她没法麻木，没法勉强，没法迁就，没法窒息自我的心性，做一个逆来顺受的软弱之人。

她的个性，让她不会忍辱。她选择了用诉讼来结束这段不堪的婚姻。

她的举动，再次震惊了世人。

多少年后，当人们说起这段婚姻，指指点点的姿态，从来没有停止过。

我不能选择怎么生，怎么死，但我能决定怎么爱，怎么活。这是我要的尊严和傲骨。

她的刚性，还在于她的识见上。

整个宋代，上至君下至臣，大多数像被驯服的兽一般，缺少躁烈、刚健的血性。它逢打必输，逢败必纳贡称臣。让人惊讶的是，这样子却存活了三百多年，还造就了空前的文明繁盛。

生在这样的国家里，她大可以随遇而安，自得其乐。可她骨子里那种野与傲，让她时时不忘壮国威振国魂。她呼唤铁血，渴望驰骋，身为一介女流，却对整个缺少骨头的北宋士人和君臣，表达了深深的忧虑和不满。

少女时代便有《和张文潜诗》，直击时弊。金人南犯之初，她渴望有一个像项羽一样"生当作人杰，死亦为鬼雄"的节烈之士；暮年流落飘零，闻韩肖胄要出使金国，她依旧奉上一颗热切盼望的心。

傲慢是天然的，谦逊只在人工。

她无法放下她的傲和刚性。如果让她就此忍气吞声，那是装出来的。

她无法忘怀家国之痛，无法忘怀已逝的青春，无法与这个世界温暖相依，放下一切痛苦和心中的执念，在临安做一个安于生活的顺民。

所以，时间过去了，她始终过不去。始终痛苦。

天才是像陨石一样，注定了要燃烧自己来照亮他的时代。

孤独

木秀于林，风必摧之。堆出于岸，流必湍之。行高于人，众必非之。

超越于时代的人，注定不为时代所理解或宽容，注定在引人瞩目的同时，也引人侧目。

这样的人，最终是孤独的。

木秀于林，风必摧之。堆出于岸，流必湍之。行高于人，众必非之。

超越于时代的人，注定不为时代所理解或宽容，注定在引人瞩目的同时，也引人侧目。

这样的人，最终是孤独的。

年轻气盛，就容易恃才傲物。

她"自少年便有诗名，才力华赡，逼近前辈"。因为有资本，有实力，她才敢写出那篇几乎挑战了所有大家前辈的《词论》。也因为她的挑战，南宋胡仔说她："蚍蜉撼大树，可笑不自量。"持有这种心态的人，在当时岂止他一人？

她在词中以真情真面示人，毫不造作，毫不掩饰她的喜与忧。"一面风情深有韵，半笺娇恨寄幽怀。""云鬟斜簪，徒要教郎比并看。"宋人王灼说她："作长短句，能曲折尽人意，轻巧尖新，姿态百出。闾巷荒淫之语，肆意落笔。自古缙绅之家，能文妇女，未见如此无顾藉也。"在时人眼中，她的肆意与无顾藉，是大家闺秀中独一无二的。

当她老了，欲以平生所学授予一个她认为有天赋的有缘人，那个十岁的女孩子却告诉她："才藻非女子事也。"在那个时代，女子无才便是德。"摛藻丽

句，固非女子之事。"那些男子，不都是这样认为的吗？

纵然她"天姿秀发，性灵钟慧，有奇男子之所不如"，亦是不合时宜，不合主流。注定要受人诋毁或非议，注定要承受不为人所知的孤独和痛苦。

胸有异志，就难免不与人群。

她的乐不在声色犬马之间，所以她尚清雅，尚淡泊。她乐在诗、酒、茶、金石古玩，而不是这个社会规定给女子的妇德、妇功。所有当时在士大夫之中盛行的雅好，她莫不参与。赵明诚成全并欣赏她，是她人生之大幸。而这个时代，并非人人都是与她相知相惜的赵明诚。

青州屏居十年之后，赵明诚重新步入仕途。她感觉到一种前所未有的孤独。初至莱州后，见不到诗书、金石，她感觉能陪伴她理解她的只有"乌有先生子虚子"。浓浓的孤独感，弥漫在她的心间，也弥漫在她的词句里。

以往与明诚分居两地，相思难解，心中亦有寂寞。对，是寂寞，而不是孤独。寂寞是可解的，只要知心人的陪伴即可。孤独是不可解的，是茫茫宇宙中无边无际无着落的失重，唯独自面对，素颜修行。

眼前的世道人心，往往不容于木秀于林，行高于众。

晚年，当她以诉讼的方式结束不堪的婚姻，一如既往地做真正的自我时，流言如矢，众口铄金，一个飘零在异乡、无儿无夫无依靠的老妇，又该如何承受？

听听当时人怎么说她："然无检操，晚节流落江湖间以卒。""然不终晚节，流落以死。""晚节流荡无归。"……

世人苛求她失于"妇节"，却从没正视她的"气节"。

南渡之后，南宋偏安于一隅，那么多的人"直把杭州作汴州"，抖抖衣袖，载欣载驰地投入新的生活，独她以一个女子的身份，怀抱着旧梦，以一点不屈的"气节"自苦如斯。

她追念往事。

往事不一定都那么美好，但那里留下了她的青春与华年。留下了一个时代给她的优裕与自由。她喜欢那时的自己，那时的空气，那时的风。

她追念故人。

如席慕蓉的《七里香》里说的："我以为，我已经把你藏好了，藏在那样深，那样冷的，昔日的心底。我以为，只要绝口不提，只要让日子继续地过去，你就终于，终于会变成一个，古老的秘密。可是，不眠的夜，仍然太长，而，早生的白发，又泄露了，我的悲伤。"

漫长的夜和早生的华发，藏不住她的悲伤。

她追念故国。

虽至暮年，她一如既往地保留着她的风骨，不容在残破的江山里苟且。她"至今思项羽，不肯过江东"，她上书韩肖胄，支持北伐，她在《打马图赋》中彰显着"男儿到死心如铁"的血性与铿锵。

如果她健忘一些，如果她不那么执着，她原本可以像所有南渡的君臣一样，安于现在的生活。她不肯。总是醒着，总是行高于众，独抱浓愁无好梦，仍然陷入深深的孤独。

孤独和喧嚣都难以忍受。如果一定要忍受，我宁可选择孤独。

她的孤独，是因为她的超拔。她的超拔，源于她的性格。

"尽管在人的一生中，外在变化不断发生，但人的性格却始终如一，这好比虽然有一连串的变奏，但主旋律却维持不变。无人能够脱离自身的个性。"

她的个性有柔婉，也有清刚。芳馨之中自有神骏之气，呢呢之语不乏磊落不凡。清刚之气，让她在任何时候，不忘自己的气节，不改自己的初衷。所以，她比一般人更长情，心里装了太多的旧梦，怎么留下空隙给新的生活？

只有孤独。

幸好，修行的路总是孤独的，智慧必来自孤独。

那些能克服当代性的人，才能跳出来，成为不平凡不平庸的人。

欧阳修《醉翁亭记》有一句："野芳发而幽香，佳木秀而繁阴，风霜高洁，水落而石出者，山间之四时也。"我觉得，用在她的身上也很好。

走过野芳发而幽香的青春，步入佳木秀而繁阴的盛年，接受风霜洗礼，依然高洁如初。暮年华发，她孤独地站在人生的边缘，看繁华落幕，水落石出。

李清照诗

生当作人杰，死亦为鬼雄。
至今思项羽，不肯过江东。

浯溪中兴颂诗和张文潜二首^①

【其一】

五十年功如电扫，华清花柳咸阳草。五坊供奉斗鸡儿^②，酒肉堆中不知老。

胡兵忽自天上来，逆胡亦是奸雄才。勤政楼前走胡马，珠翠踏尽香尘埃。

何为出战辄披靡，传置荔枝多马死。尧功舜德本如天，安用区区纪文字。

著碑铭德真陋哉，乃令神鬼磨山崖。子仪光弼不自猜，天心悔祸人心开。

夏商有鉴当深戒，简策汗青今具在。君不见当时张说最多机，虽生已被姚崇卖。

【其二】

君不见惊人废兴传天宝，中兴碑上今生草。

不知负国有奸雄，但说成功尊国老。

谁令妃子天上来，虢秦韩国皆天才。花桑羯鼓玉方响，春风不敢生尘埃。

姓名谁复知安史，健儿猛将安眠死。去天尺五抱瓮峰，峰头凿出开元字③。

时移势去真可哀，奸人心丑深如崖。西蜀万里尚能返，南内一闭何时开④。

可怜孝德如天大，反使将军称好在⑤。

呜呼，奴辈乃不能道辅国用事张后专，乃能念春荠长安作斤卖⑥。

[注释]　①浯溪中兴颂：唐肃宗上元二年，元结作《大唐中兴颂》，刻于浯溪（今湖南祁阳县）石崖上，当时称为摩崖碑或中兴颂碑。碑文记述了天宝十四年安禄山起兵洛阳叛乱，肃宗平定叛乱，唐朝得以中兴的史实。张文潜，字文潜，"苏门四学士"之一。②五坊：机构名。唐有雕、鹘、鹞、鹰、狗五坊，供君主狩猎玩乐时用。小儿是指各坊给事人员，唐代给事者多呼作小儿。德宗贞元末年，五坊小儿在闾里横行霸道、不务正业，用各种卑鄙手段来夺取人民的钱物。斗鸡儿是小儿之一种。③"去天尺五抱瓮峰，峰头凿出开元字"句："去天尺五"意思是说韦杜两家都是高官显贵，与皇室极近。抱瓮峰：唐郑荣《开天传信记》："华岳云台观中方之上，有山崛起如半瓮之状，名曰瓮肚峰。上尝赏望，嘉其高迥，欲于峰头大凿'开元'二字，填以白石，令百余里望见。谏官上言，乃止。"④"西蜀万里尚能返，南内一闭何时开"句：西蜀万里，安史之乱时，玄宗曾逃至西蜀（今四川）。南内：长安有大内、西内、南内三宫，南内本唐玄宗听政处。安史之乱平息后，玄宗回到长安，肃宗信用李辅国，迁玄宗于西内，故谓"南内一闭"。此句意谓，唐玄宗人虽返国，但国势已非，唐肃宗起用新人，大唐虽中兴，往日的辉煌也一去难返。⑤好在：口语，相当于好生、莫乱来之意。⑥"奴辈乃不能道辅国用事张后专，乃能念春荠长安作斤卖"句：辅国，李辅国，玄宗时为阉奴，唐肃宗时被宠信当权。张后，唐肃宗皇后，与李辅国勾结专权，后被李辅国杀。此句意谓唐肃宗时期阉宦和内宫干政。春荠长安作斤卖：用高力士典。本来长安城中无人吃此菜，后来高力士为此菜赋诗一首，使其成为长安人宠爱的一道佳肴，由此可见高力士权势之炽。这二句意思是：国人只知道责怪唐玄宗宠信高力士、杨玉环，而不知道责备唐肃宗宠信李辅国、张后之弊。

[点评]　这是李清照早期的一首和诗。李清照父亲为后"苏门四学士"之一，李清照所和之作是"苏门四学士"之一张耒所作《诗中兴颂碑》，这首诗在当时影响较大，一些著名诗人纷纷唱和。李清照的这首和诗，从艺术手法上看，无甚特别之处。但诗中对安史之乱根源的追溯，直指唐朝的君臣和上层统治阶层内部，对北宋晚期的朝局流露出隐隐的忧虑和委婉的劝诫。对正值豆蔻年华的一介女流来说，能有这样的胸襟和眼光，实属不易。从这首诗也可以看出尚在闺中的李清照便有着和一般传统闺阁女子不一样的性格特征。

上枢密韩侂胄诗二首（并序）

绍兴癸丑五月，枢密韩公、工部尚书胡公使虏①，通两宫也②。有易安室者，父祖皆出韩公门下③，今家世沦替，子姓寒微，不敢望公之车尘。又贫病，但神明未衰落。见此大号令，不能忘言，作古、律诗各一章，以寄区区之意，以待采诗者云。

【其一】

三年夏六月，天子视朝久。凝旒望南云，垂衣思北狩。
如闻帝若曰，岳牧与群后。贤宁无半千，运已遇阳九。
勿勒燕然铭，勿种金城柳。岂无纯孝臣，识此霜露悲。
何必羹舍肉，便可车载脂。土地非所惜，玉帛如尘泥。
谁当可将命，币厚辞益卑。四岳佥曰俞，臣下帝所知。
中朝第一人，春官有昌黎。身为百夫特，行足万人师。
嘉祐与建中，为政有皋夔。匈奴畏王商，吐蕃尊子仪。
夷狄已破胆，将命公所宜。公拜手稽首，受命白玉墀。
曰臣敢辞难，此亦何等时。家人安足谋，妻子不必辞。
愿奉天地灵，愿奉宗庙威。径持紫泥诏，直入黄龙城。
单于定稽颡，侍子当来迎。仁君方恃信，狂生休请缨。
或取犬马血，与结天日盟。胡公清德人所难，谋同德协心志安。
脱衣已被汉恩暖，离歌不道易水寒。皇天久阴后土湿，雨势未回风势急。
车声辚辚马萧萧，壮士懦夫俱感泣。闾阎嫠妇亦何知，沥血投书干记室。

224

夷虏从来性虎狼，不虞预备庸何伤。衷甲昔时闻楚幕，乘城前日记平凉。
葵丘践土非荒城，勿轻谈士弃儒生。露布词成马犹倚，崤函关出鸡未鸣。
巧匠何曾弃樗栎，刍荛之言或有益。不乞隋珠与和璧，只乞乡关新信息。
灵光虽在应萧萧，草中翁仲今何若。遗氓岂尚种桑麻，残虏如闻保城郭。
嫠家父祖生齐鲁，位下名高人比数。当时稷下纵谈时，犹记人挥汗成雨。
子孙南渡今几年，飘零遂与流人伍。欲将血汗寄山河，去洒东山一抔土。

【其二】

想见皇华过二京，壶浆夹道万人迎。连昌宫里桃应在，华萼楼前鹊定惊。
但说帝心怜赤子，须知天意念苍生。圣君大信明如日，长乱何须在屡盟。

[注释]　①枢密韩公：指韩肖胄。他是北宋名相韩琦的曾孙，宋高宗绍兴三年（1133 年），朝廷委派他出使金国，为通问使。胡公：胡松年。作为副使随韩肖胄出使金国。使虏：出使金国。是宋人对金的蔑称。②通两宫：去问候被金人掳去的宋徽宗、宋钦宗。③父祖皆出韩公门下：李清照的父亲李格非和祖父，都曾受韩琦引荐，故曰。

[点评]　这是李清照晚年之作。靖康之变后，徽、钦二帝被金人掳去，宋宗室南渡。南宋小朝廷偏安一隅，一味讲和。当她闻听韩、胡二公要出使金国谈叛之后，一片赤忱之心表露无余。这二首和诗，都强烈表达了要求恢复失地、振作朝纲的无畏气概和一介嫠妇的拳拳爱国之心。两首和诗，既有高宗的急于求和，也有韩胡二公的凛然气魄，更有中原人民的期盼及自己对时局的忧虑和建议等。叙事有致，情感真挚而强烈。和写词不同，李清照在诗中大量用典，在增加该诗的史诗感和内涵容量的同时，也在一定程度上削弱了诗味。体现出宋诗"以文为诗"的特色。

乌　江

生当作人杰，死亦为鬼雄。至今思项羽，不肯过江东①。

[**注释**]　①不肯过江东：垓下之战，项羽被刘邦的汉军围困在乌江边，四面楚歌，江东弟子死伤无数，项羽拔剑自刎。据《史记·项羽本纪》记：项羽逃至乌江畔，乌江亭长欲帮他渡江，项王笑曰："天之亡我，我何渡为！且籍与江东子弟八千人渡江而西，今无一人还，纵江东父兄怜而王我，我何面目见之？"

[**点评**]　这首诗是李清照南渡之后所作。她在这首诗中一反历史上对项羽兵败乌江的评价，为项羽作了翻案文章。她认为人生在世，活得要有气节有傲骨。生，当作为人中之杰；死，亦当为鬼中之雄。宁鸣而生，不默而死，哪怕像项羽一样兵败乌江，也要保持男儿气节，站着死而不跪着生。李清照作这首诗，既表达了她对气节和人格的崇尚，也隐射着宋室南渡后不思北伐、但求偏安的苟安现状。也有人认为这首诗同时委婉抒发了她对其夫赵明诚在江宁"缒城宵遁"、有失气节之行径的遗憾与郁闷。这首诗中贯穿着李清照自始至终的清傲之气节。

咏　史

两汉本继绍，新室如赘疣①。所以嵇中散，至死薄殷周②。

[**注释**]　①继绍：承传。新室：西汉末年，王莽建立的新朝。赘疣：多余的肉瘤。这两句意思是两汉本来是传承相继的，中间却偏偏多出了一个新朝。②嵇中散：三国时魏人嵇康，字叔夜，拜中散大夫不就，人称嵇中散。他与阮籍、山涛、向秀、刘伶、阮咸、王戎合称"竹林七贤"。至死薄殷周：嵇康的朋友山涛向司马氏集团屈服并担任官职，接着又向司马氏推举嵇康。嵇康身为曹魏宗室，不齿山涛投靠新朝的行为，遂作《与山巨源绝交书》，与之绝交。文中有"每非汤武而薄周孔"之句。

[**点评**]　这首诗是南渡之后所写。在诗中她认为两汉相继本为正统，而新朝是多余的异端。她对坚守气节不向司马氏新朝屈服的嵇康表示叹服，对汤武和周孔不遵正统而新立王朝表示不满。李清照这首诗同样有现实讽喻之意。在她眼里，两宋是正统，一切在外族势力支持下建立的伪政权皆为异端。她呼

唤着像嵇康一样坚持气节的英雄，对一切屈服于新势力而不惜变节或苟安的懦夫皆从内心里鄙视。这首诗同样体现了李清照不让须眉的气骨与弱柔外表下怒目金刚式的刚健人格。

夜发严滩①

巨舰只缘因利往，扁舟亦是为名来。往来有愧先生德，特地通宵过钓台。

[注释]　①严滩：又称子陵滩。严子陵是汉光帝刘秀的同学，他助刘秀打下江山，登上帝位，在功成受封时却隐居富春江。后刘秀多方寻访，欲拜他为谏议大夫，他坚辞不受。

[点评]　这首诗是李清照南渡之后，偶经严子陵滩时有感而作。诗中说无论是乘巨舰的达官显贵，还是乘扁舟以隐求仕的隐者，在熙来攘往的滚滚红尘中，不是求名，就是求利，都是为了满足一己之私欲，全无苏苍生、济黎民的安邦济世之才或以天下为己任不计个人名利得失的高风大德，这是她对南宋君臣和偏安一隅不思进取之士人的深深失望。在严子陵滩前，她想起了严子陵心怀天下，不以物喜、不以己悲的大德，看看周围的人为名为利唯独不为国家之私心，深感着愧，以致她不敢在白天光明正大地通过严滩，只能在夜幕之下偷偷渡过。作为一介女流，她无法在那样的时代为国家做些什么，但人贵有自知之明，知耻而近乎勇。比起那些苟安于现状而麻木不自知的人来，她知耻，也算得上一个真正的勇士。

题八咏楼

千古风流八咏楼①，江山留与后人愁。水通南国三千里，气压江城十四州②。

[注释]　①八咏楼：楼乃南朝齐隆昌年间（公元五世纪末）东阳郡太守沈约所建，位于婺江北侧。竣工后沈约曾多次登楼赋诗，写下了不少脍炙人口

的诗篇，其中有一首《登元畅楼》有"信美非吾土，何事不抽簪"之句。并在此基础上又增写了八首诗歌，称为《八咏》诗，是当时文坛上的长篇杰作，传为绝唱。故从唐代起，遂以诗名改元畅楼为八咏楼。②十四州：宋两浙路计辖二府十二州（平江、镇江府，杭、越、湖、婺、明、常、温、台、处、衢、严、秀州），泛称十四州。此处用贯休《献钱尚父》"满堂花醉三千客，一剑霜寒十四州"典。贯休是晚唐时的诗僧。在钱镠称吴越王时，他投诗相贺。钱意欲称帝，要贯休改"十四州"为"四十州"，才能接见他。贯休则以"州亦难添，诗亦难改"作答，旋裹衣钵拂袖而去。后来贯休背井离乡远走蜀川，受到前蜀王建的礼遇。

[点评] 绍兴四年九月，李清照避难金华，投奔当时在婺州任太守的赵明诚之妹婿李擢，卜居酒坊巷陈氏第。在金华期间，写下这首咏史诗，悲宋室之不振，慨江山之难守，叹身世之漂泊。前两句入题，写年过半百的自己，孑然一身，国破家亡，江山破碎，物是人非，面对着有深沉历史感的八咏楼时，怎不愁绪万端，悲不自胜。此处借用沈约之典，她遥想沈约流落江南，登楼远眺，面对江山却感慨着"信美非吾土"，只此一句，道尽了她的飘零之苦和家国之悲。后两句则从个人身世之慨和家国之悲中振作起来，想浙江地处水利交通枢纽，水通南国三千里，若南宋统治者有意北伐中原，又何愁失地不复呢？就像当年的贯休宁可远走他乡，也不在气势上输给吴越王一样。她多么希望南宋宗室振作起来，从偏安割地委曲求全中站起来，显现出一个王朝应有的气节来。整首诗以古讽今，寓现实于历史，同时将个人的身世之感与家国之叹结合起来，刚柔并济，张弛有度。

偶　成

十五年前花月底，相从曾赋赏花诗。今看花月浑相似，安得情怀似昔时。

[点评] 这首诗是李清照晚年之作。诗用今昔对比的手法传达了物是人非、命运无常的人生之慨及流落漂泊、孤苦无依的人生暮境。前两句追忆她与赵明诚十五年前在花前月下，赏花赋诗、赌书泼茶的美好幸福生活。这段生活

很可能是二人屏居青州十年的生活，这十年是他们夫妇兼朋友之胜的黄金时期。后两句写眼下花还是原来的花，月也是旧时的月，但时过境迁，物是人非，她再也无法拥有往日的美好情怀，再也回不到往昔的美好时光了。有情的血肉敌不过无情的江山，在历史的长河中，人是被改变的，被拨弄的，命运是无常的。只有年年岁岁的花与月，在绵绵长河中一任其旧。永恒与无常，今与昔，乐与悲，两相对比，令人无限感慨。

感怀（并序）

宣和辛丑八月十日到莱①，独坐一室，平生所见，皆不在目前。几上有《礼韵》，因信手开之，约以所开为韵作诗，偶得"子"字，因以为韵，作感怀诗。

寒窗败几无书史，公路可怜合至此②。
青州从事孔方兄③，终日纷纷喜生事。
作诗谢绝聊闭门，燕寝凝香有佳思④。
静中吾乃得至交，乌有先生子虚子⑤。

[注释]　①宣和辛丑：宋徽宗宣和三年，即公元1121年。莱：今山东莱州市。当时李清照的丈夫赵明诚任莱州知州，李清照到莱州探望赵明诚。②公路：袁术字公路。《三国志·袁术传》注引《吴书》：袁术兵败后，饥渴交至，问厨下，只有麦屑三十斛，时值盛夏，欲得蜜浆却无蜜，他坐在床上无奈叹息说："袁术至于此乎！"这里借典喻室中空无所有，有种穷途末路的感觉。③青州从事：指好酒。《世说新语·术解》："桓公有主簿，善别酒，辄令先尝。是谓青州从事，恶者谓平原督邮。"因为青州有齐郡，"齐"谐音"脐"，意谓好酒可以到达人的脐部。孔方兄：指钱。鲁褒《钱神论》："亲之如兄，字曰孔方。"④燕寝：指官员住所。古代多指帝王安寝之所。⑤乌有、子虚：司马相如《子虚赋》中虚拟的人物，二者皆表示一无所有之意。

[点评]　宣和三年八月十日李清照来到莱州，一人独坐在室内，平生所喜欢的书籍史典，这间房内都没有。案头上有本《礼韵》，因此随手翻开，拟

以所翻开页上的字为韵来写诗。偶尔翻到"子"韵，便写了这一首感怀诗。

诗开笔就写到破旧的窗台和书案上没有一本诗书和史集，精神无所寄托，因而感觉像袁术到了穷途末路之际。这两句未必是所处之室物质条件实指，毕竟赵明诚时任莱州知州。李清照不见平生所好，且独处一室，内心荒寒而孤寂，便有了穷途末路之感。接下来两句写的是对方，是赵明诚。赵明诚流连于官场应酬，俗务缠身，终日营营，无暇顾及往日赌书泼茶志趣相得的生活。此种情形下，她内心是有怨怼的，但她无法强求。只能自己一个人在一个安静的处所里，谢绝宴游和干扰，闭门作诗。在静中，与乌有先生子虚先生结为至交。李清照与赵明诚本是夫妇而兼朋友之胜，赵明诚重入仕途之后，二人在志趣上时时会有分歧，李清照雅好清简的志趣一直没有改变过，心中难免会有失落。

春　残

春残何事苦思乡？病里梳头恨发长。
梁燕语多终日在①，蔷薇风细一帘香②。

[注释]　①梁燕语多：燕子栖于梁间，不住呢喃。这里是以燕之成双成对衬人之形单影只。②蔷薇风细一帘香：一阵和风穿过绣帘，将帘外蔷薇的清香送入室内。

[点评]　此诗也应是李清照的晚年之作。从首句"春残何事苦思乡"可以得知。南渡后的她，流落江南，忧病丛生，夫亡家破，思乡思家成了她挥之不去的情结。因愁成病，因病添愁，愁病交加中，就连梳头也是无心的了。偏这时春又至，梁间双燕全然不理会孤栖之人的悲伤，在呢喃软语。一阵和风吹过帘间，送来满架蔷薇的清香。此时的她，不知是该在香中沉醉呢，还是在物是人非中回望？诗至此而终，当中的意韵只待读者体会了。她的诗皆以言志为主，而词则是典型的言情之作，这首诗一反其诗言志的常态，写了一种婉约细腻隐约的情绪，颇似词境。

晓　梦

晓梦随疏钟，飘然蹑云霞。因缘安期生^①，邂逅萼绿华^②。
秋风正无赖，吹尽玉井花^③。共看藕如船，同食枣如瓜^④。
翩翩座上客，意妙语亦佳。嘲辞斗诡辩，活火分新茶^⑤。
虽非助帝功，其乐莫可涯。人生能如此，何必归故家。
起来敛衣坐，掩耳厌喧哗。心知不可见，念念犹咨嗟。

[**注释**]　①因缘：依仗。安期生：传说中秦时仙人。《列仙传》："安期
先生者，琅琊阜乡人也。卖药于东海边，时人皆言千岁翁。秦始皇东游，请
见，与语三日三夜，赐金璧，度数千万。出于阜乡亭，皆置去，留书，以赤玉
舄一双为报，曰：后数年，求我于蓬莱山。始皇即遣徐市、卢生等数百人入
海。未至蓬莱山，辄逢风浪而还。立祠阜乡亭海边十数处云。"②萼绿华：古
代传说中的得道仙女。《真诰》卷一："萼绿华者，自云是南山人，不知何山
也。女子，年可二十上下，青衣，颜色绝整。以升平三年十一月十日夜降羊权
家。自此往来，一月之中，辄六来过耳。云本姓罗。赠权诗一篇，并致火浣布
手巾一方，金石条脱各一枚。"③玉井花：传说中神奇的莲花。韩愈诗《古
意》："太华峰头玉井莲，开花十丈藕如船。"④食枣如瓜：《史记·封禅书》：
"李少君曰：君尝游海上，见安期生。安期生食巨枣，大如瓜。安期生仙者，
居蓬莱，合则见人，不合则隐。"⑤分新茶：大约始于北宋初年。是宋代流行
的一种茶道。即烹茶、煎茶，以开水注入茶碗之技艺。

[**点评**]　这首诗或是南渡之后所作。诗歌借梦境表达了自己的理想和志
趣，对现实的纷纭有种厌离之感。全诗四句一转，共五个层次，总体上看前四
层皆写梦境，第五层则借梦境抒发个人的志趣。首四句写她随钟声进入梦境，
在梦中遇到了安期生和萼绿华两个仙人。次四句，写仙境中所见的奇特之景
物，列举了藕如船与枣如瓜两个例子，显示出仙境之非比寻常。接下来四句，
写仙人的志趣风貌，他们嘲谑取乐、分茶为戏。其实这也是李清照的理想生活
在梦中的折射。接着四句，写自己对神仙生活的羡慕，以至于乐不欲归家了。

最后四句，表明自己从梦境中醒来后，对现实充满了厌离之感，不胜感慨，却唯有叹息。

这首记梦之诗充满了想象，有李白《梦游天姥吟留别》之遗风，但和李白的想落天外、瑰丽奇幻比起来，终究是多了一点现实烟火气和拘泥感。这首诗和她的《渔家傲》之词有相近之处，可以参看。

李清照文

三十四年之间，忧患得失，何其多矣！然有有必有无，有聚必有散，乃理之常。人亡弓，人得之，又胡足道！

词　论

　　乐府声诗并著①，最盛于唐。开元、天宝间，有李八郎者②，能歌擅天下。时新及第进士开宴曲江，榜中一名士，先召李，使易服隐姓名，衣冠故敝，精神惨沮，与同之宴所。曰："表弟愿与坐末。"众皆不顾。既酒行乐作，歌者进，时曹元谦、念奴为冠③，歌罢，众皆咨嗟称赏。名士忽指李曰："请表弟歌。"众皆哂，或有怒者。及转喉发声，歌一曲，众皆泣下。罗拜曰："此李八郎也。"自后郑、卫之声日炽④，流靡之变日烦。已有《菩萨蛮》、《春光好》、《莎鸡子》、《更漏子》、《浣溪沙》、《梦江南》、《渔父》等词，不可遍举。

　　[注释]　①乐府：原指秦汉时的音乐官署，负责采集民歌，为诗谱乐。后来凡能入乐的诗也称乐府。汉代乐府诗盛行。唐以后乐府指曲子词。声诗：指乐府之外的可以入乐演唱的五七言诗。②李八郎：李衮，唐代有名的歌唱者。唐李肇《国史补》有记载。以下写了李八郎一歌惊四座的故事。此情形

233

颇似李清照自己，她十六七岁时所做的诗词，已然名动京城。时人有"中郎有女堪传才"之称。③曹元谦：唐代有名的歌妓。念奴：天宝年间有名的歌妓。二人皆是当时有名有姿色名重一时的歌妓。④郑、卫之声：指靡靡之音。《诗经》十五国风中，郑风和卫风在题材内容上多写男女情事且民风开放。后以郑卫之音泛指乱世之音或俚俗之音。

　　五代干戈，四海瓜分豆剖，斯文道熄①。独江南李氏君臣尚文雅，故有"小楼吹彻玉笙寒"、""吹皱一池春水"之词②。语虽甚奇，所谓"亡国之音哀以思"也③。

　　[注释]　　①瓜分豆剖：四分五裂。指五代十国时期，战乱频仍，天下大乱，文明消歇。②李氏君臣：指南唐国主李璟、李煜父子与臣子冯延巳等人。《南唐书·冯延巳传》："元宗尝戏延巳曰'吹皱一池春水，干卿何事？'延巳答：'未如陛下小楼吹彻玉笙寒。'元宗悦。"李璟有"细雨梦回鸡塞远，小楼吹彻玉笙寒"之词句，冯延巳有"风乍起，吹皱一池春水"之词句。③亡国之音哀以思：语出《礼记·乐记》，"亡国之音哀以思，其民困"。此句意思是南唐李后主李煜有亡国之恨，其词在亡国之后也有了飞跃，词意高妙浑融，臻于化境。词从李煜开始，从民间之词走向士大夫之词。

　　逮至本朝，礼乐文武大备。又涵养百余年，始有柳屯田永者，变旧声作新声，出《乐章集》①，大得声称于世；虽协音律，而词语尘下。又有张子野、宋子京兄弟，沈唐、元绛、晁次膺辈继出②，虽时时有妙语，而破碎何足名家！至晏元献、欧阳永叔、苏子瞻③，学际天人，作为小歌词，直如酌蠡水于大海，然皆句读不葺之诗尔。又往往不协音律，何耶？盖诗文分平侧，而歌词分五音，又分五声，又分六律，又分清浊轻重④。且如近世所谓《声声慢》、《雨中花》、《喜迁莺》，既押平声韵，又押入声韵；《玉楼春》本押平声韵，有押上去声，又押入声。本押仄声韵，如押上声则协；如押入声，则不可歌矣。王介甫、曾子固⑤，文章似西汉，若作一小歌词，则人必绝倒，不可读也。

[注释]　①柳屯田永：北宋词人柳永，官至屯田员外郎。有《乐章集》传世。②张子野：即北宋词人张先。宋子京兄弟，即宋庠、宋祁（字子京）。沈唐：字公述，北宋词人。元绛：字厚之，官至参知政事。晁次膺：即晁端礼，北宋词人。③晏元献：即宴殊，官至宰相。欧阳永叔：即欧阳修，北宋文坛领袖，同时也是著名的政治家。④五音：指唇、齿、喉、舌、鼻发之音。五声：指宫、商、角、徵、羽五音阶。六律：即黄钟、太簇、姑洗、蕤宾、夷则、无射。⑤王介甫：即王安石。北宋著名的改革家和文学家，"唐宋八大家"之一。曾子固：即曾巩。官至中书舍人，"唐宋八大家"之一。

乃知词别是一家，知之者少。后晏叔原、贺方回、秦少游、黄鲁直出①，始能知之。又晏苦无铺叙。贺苦少典重。秦即专主情致，而少故实。譬如贫家美女，虽极妍丽丰逸，而终乏富贵态。黄即尚故实而多疵病，譬如良玉有瑕，价自减半矣。

[注释]　①晏叔原：晏几道，字叔原，晏殊之子，著《小山词》。贺方回：贺铸，字方回，著《东山词》。秦少游：秦观，字少游，"苏门四学士"之一，著《淮海集》。黄鲁直：黄庭坚，字鲁直，北宋著名诗人兼书法家，江西诗派开创者，著《山谷集》。

[点评]　这篇词论是北宋词坛上第一篇关于作词的理论性文章，在中国文学批评史上有重要地位。文中提出"词别是一家"之理论，具有开创精神和探索意义，对词这种流行于宋代的文体，她提出了自己理想的规范和标准，虽不尽合理，却独树一帜，闪耀着理性的光辉。

此文不但大体梳理了词从晚唐五代至南北宋之交时期的发展脉络，也对词这种艺术文体的规范和艺术形式提出了自己的独特见解。她认为南唐词人有别于花间的绮艳，是词之正统。而柳永的词虽协律却词语尘下，格调不高；张先、宋祁等人虽有妙语，却有句无章；晏殊、欧阳修、苏轼之辈，学究天人，以词为小道，但不协音律且好以诗为词；晏几道无铺叙，贺铸少典重，秦观无故实，黄庭坚虽有故实，却用得太滥，似玉有微瑕。在她看来，词别是一家，她理想中的词应该是：协音律、词语高雅、意境浑成、有铺叙有典故有情致，

语词妍而不俗，格调雅而不板，气象雍容而不寒碜。

她对诗词分野的探究及提出"词别是一家"之理论，皆具独特性和勇气。为阐明她的主张和理论，她向同时代的所有词学前辈大家提出了挑战和批评，以致后来的批评家颇不以为然，认为她是"蚍蜉撼大树"，太不自量。其批评自然有失偏颇，但为树立一种旗帜鲜明的理论主张，必须有这种孤标独立的勇气。从这个意义上看，她的主张有其合理性。

金石录后序

右金石录三十卷者何？赵侯德甫所著书也①。取上自三代，下迄五季②，钟、鼎、甗、鬲、盘、匜、彝、尊、敦之款识③，丰碑、大碣④，显人、晦士之事迹，凡见于金石刻者二千卷，皆是正伪谬，去取褒贬，上足以合圣人之道，下足以订史氏之失者，皆载之，可谓多矣。呜呼，自王播、元载之祸⑤，书画与胡椒无异；长舆、元凯之病，钱癖与传癖何殊⑥。名虽不同，其惑一也。

[注释]　①赵侯德甫：赵明诚字德甫。侯，是旧时对州郡长官的尊称，赵明诚曾任莱州、淄州、建康府及湖州长官。②三代：夏、商、周三朝。五季：后梁、后唐、后晋、后汉、后周，合称五代。③甗（yǎn）：陶制炊具。鬲：陶制炊具。匜：青铜制盛水器。敦：青铜制食器。款识：铭刻在金石器物上的文字。④丰碑、大碣：古时称长方形刻石为碑，圆形刻石为碣。⑤王播：唐代太原人，虽为官贪酷，但史上没有他爱收藏的记录。应是李清照笔误，此人是王涯。王涯，字广律，唐文宗时人。酷爱收藏，后因谋诛宦官事败被杀，家产被抄没，所藏书画，尽弃于道。元载：唐代宗时宰相，为官贪横，好纳贿。后获罪赐死，抄没其家产时，仅胡椒就有八百石。⑥长舆：和峤的字，晋惠帝时为太子太傅。家财万贯却颇吝啬，爱财如命，时人称其有"钱癖"。元凯：杜预的字。晋武帝时为大将军。他酷爱钻研古籍，尤爱《春秋左氏传》，并为之作集解，人称有"《左传》癖"。

　　余建中辛巳，始归赵氏①。时先君作礼部员外郎，丞相时作吏部侍郎②。侯年二十一，在太学作学生。赵、李族寒，素贫俭。每朔望谒告出，质衣，取半千钱，步入相国寺，市碑文果实归，相对展玩咀嚼，自谓葛天氏之民也③。后二年，出仕宦，便有饭蔬衣练，穷遐方绝域④，尽天下古文奇字之志。日就月将，渐益堆积。丞相居政府，亲旧或在馆阁，多有亡诗、逸史，鲁壁、汲冢所未见之书⑤，遂尽力传写，浸觉有味，不能自已。后或见古今名人书画，一代奇器，亦复脱衣市易。尝记崇宁间，有人持徐熙牡丹图⑥，求钱二十万。当时虽贵家子弟，求二十万钱，岂易得耶。留信宿，计无所出而还之。夫妇相向惋怅者数日。

　　[注释]　　①建中辛巳：宋徽宗建中靖国元年（1101 年）。这年李清照嫁给赵明诚。②先君：指李清照父亲李格非。丞相：指李清照公公赵挺之，曾官至尚书右仆射。③葛天氏之民：语出陶渊明《五柳先生传》。他本是上古传说中的一个古部落之王，在他的治下，民风淳朴，生活安闲。此处表达了李清照素朴的理想。④饭蔬衣练：指吃穿简单朴素。蔬，蔬菜。练，粗帛。遐方绝域：指边远荒僻之地。遐方，指边远之地。⑤鲁壁：汉武帝时，鲁恭王坏孔子宅壁，得《古文尚书》等。汲冢：晋武帝时，汲郡人不准盗挖王墓，得竹书、漆书，世称《汲冢书》。⑥崇宁：宋徽宗赵佶年号。徐熙：五代时南唐著名画家。是江南仕族，善画花木、禽兽、蔬果等。"学究造化，意出古今。"

　　后屏居乡里十年①，仰取俯拾，衣食有余。连守两郡，竭其俸入，以事铅椠②。每获一书，即同共勘校，整集签题。得书、画、彝、鼎，亦摩玩舒卷，指摘疵病，夜尽一烛为率。故能纸札精致，字画完整，冠诸收书家。余性偶强记，每饭罢，坐归来堂烹茶③，指堆积书史，言某事在某书、某卷、第几页、第几行，以中否角胜负，为饮茶先后。中即举杯大笑，至茶倾覆怀中，反不得饮而起。甘心老是乡矣。故虽处忧患困穷，而志不屈。收书既成，归来堂起书库大橱，簿甲乙④，置书册。如要讲读，即请钥上簿，关出卷帙⑤。或少损污，必惩责揩完涂改，不复向时之坦夷也。是欲求适意，而反取憀慄。余性不耐，始谋食去重肉，衣去重采，首无明珠、翠羽之饰，室无涂金、刺绣之具。遇书

史百家，字不刓缺⑥，本不讹谬者，辄市之，储作副本。自来家传周易、左氏传，故两家者流，文字最备。于是几案罗列，枕席枕藉，意会心谋，目往神授，乐在声色狗马之上。

[注释] ①屏居：退职闲居。其父赵挺之罢相后不久死去，赵明诚兄弟故旧皆被贬官罢职，赵明诚去官后遂携李清照回到其老家青州，前后共十余年的时间。②连守两郡：青州屏居十年后，赵明诚自宋徽宗宣和三年（1121年）至宋钦宗靖康元年（1126年）先后知莱州、淄州。铅椠：古代的书写用具，指铅条和木板，这里指校勘、印刻古籍。③归来堂：李清照夫妇屏居青州时的宅第名。取陶渊明"归去来兮"之意以明淡泊之志。④簿甲乙：分类登记。⑤请钥上簿，关出卷帙：取出钥匙并进行登记后方可取出书籍。关，领取。卷帙，泛指成套的书。⑥刓缺：磨损残缺。

至靖康丙午岁①，侯守淄川，闻金寇犯京师，四顾茫然，盈箱溢箧，且恋恋，且怅怅，知其必不为己物矣。建炎丁未春三月，奔太夫人丧南来②。既长物不能尽载，乃先去书之重大印本者，又去画之多幅者，又去古器之无款识者，后又去书之监本者③，画之平常者，器之重大者。凡屡减去，尚载书十五车。至东海，连舻渡淮，又渡江，至建康。青州故第，尚锁书册什物，用屋十余间，冀明年春再具舟载之。十二月，金人陷青州，凡所谓十余屋者，已皆为煨烬矣。

[注释] ①靖康丙午岁：宋钦宗靖康元年（1126年）。②建炎丁未：宋高宗建炎元年（1127年）。太夫人：指赵明诚之母。太夫人卒江宁，只有赵明诚一人奔丧，李清照则返青州，整理金石文物，以期来年托运。却未料十二月，金人攻陷青州，留在青州的文物，几乎全部毁于战火之中。③监本：国子监所刻的书，又称为官本。官本是公开发售，比较普通易得，文本价值稍低一些。

建炎戊申秋九月①，侯起复知建康府②。已酉春三月罢③，具舟上芜湖，入

姑孰，将卜居赣水上。夏五月，至池阳④。被旨知湖州⑤，过阙上殿。遂驻家池阳，独赴召。六月十三日，始负担，舍舟坐岸上，葛衣岸巾，精神如虎，目烂烂光射人，望舟中告别。余意甚恶，呼曰："如传闻城中缓急，奈何？"戟手遥应曰⑥："从众。必不得已，先弃辎重，次衣被，次书册卷轴，次古器，独所谓宗器者，可自负抱，与身俱存亡，勿忘之。"遂驰马去。途中奔驰，冒大暑，感疾。至行在，病疟⑦。七月末，书报卧病。余惊怛，念侯性素急，奈何。病疟或热，必服寒药，疾可忧。遂解舟下，一日夜行三百里。比至，果大服柴胡、黄芩药，疟且痢，病危在膏肓。余悲泣，仓皇不忍问后事。八月十八日，遂不起。取笔作诗，绝笔而终，殊无分香卖履之意⑧。

[注释] ①建炎戊申：建炎二年（1128年）。②起复：居丧未满期而被任用。③已酉春三月罢：建炎三年（1129年），赵明诚罢江宁府。因"缒城宵遁"失节之事被罢，此处李清照对此事没有详辩，一笔带过，也算是赵明诚一生当中的一个污点。④芜湖：今安徽芜湖。姑孰：今安徽当涂。赣水：即赣江。池阳：今安徽贵池。⑤湖州：今浙江吴兴一带。⑥戟手：举手屈肘如戟状。也有人说指竖起食指和中指来指人。⑦行在：皇帝出外居留之所。这里指建康。病疟：患了疟疾。⑧分香卖履：指就家事留遗嘱。曹操《遗令》："余香可分与诸夫人，不命祭。诸舍中无所为，学作履组卖也。"名贵香料可作为遗产分给众妾，宫女们无事可做，就学做鞋子自己养活自己。李清照此处用此典，意思颇含蓄。有人据此推断，赵明诚除李清照外，当娶了小妾。

葬毕，顾四维，余无所之。朝廷已分遣六宫，又传江当禁渡。时犹有书二万卷，金石刻二千卷，器皿、茵褥，可待百客，他长物称是。余又大病，仅存喘息。事势日迫。念侯有妹婿，任兵部侍郎，从卫在洪州，遂遣二故吏，先部送行李往投之。冬十二月，金寇陷洪州，遂尽委弃。所谓连舻渡江之书，又散为云烟矣。独余少轻小卷轴书帖、写本李、杜、韩、柳集，《世说》、《盐铁论》，汉唐石刻副本数十轴，三代鼎鼐十数事，南唐写本书数箧，偶病中把玩，搬在卧内者，岿然独存。

上江既不可往①，又虏势叵测，有弟迒任勅局删定官，遂往依之。到台，

台守已遁②。之剡③，出陆，又弃衣被。走黄岩④，雇舟入海，奔行朝，时驻跸章安⑤，从御舟海道之温，又之越⑥。庚戌十二月，放散百官，遂之衢⑦。绍兴辛亥春三月，复赴越，壬子，又赴杭⑧。

[注释] ①上江：指今安徽一带。②台：台州，今浙江临海。③剡：剡溪，著名的风景胜地，在今浙江嵊县。④黄岩：今浙江黄岩。⑤驻跸：指皇帝暂时驻扎。跸：皇帝出行清道，禁止行人来往。章安：属台州，在今浙江临海东南。⑥温：温州，治所在今浙江温州。越：越州，治所在今浙江绍兴。⑦庚戌：建炎四年（1130年）。衢：衢州，治所在今浙江衢县。⑧绍兴辛亥：宋高宗绍兴元年（1131年）。壬子：绍兴二年（1132年）。杭：杭州，今浙江杭州。这一段李清照清晰地记录了她追随南宋宗室一路逃亡的艰辛历程。

先侯疾亟时，有张飞卿学士，携玉壶过，视侯，便携去，其实珉也。不知何人传道，遂妄言有颁金之语①。或传亦有密论列者。余大惶怖，不敢言，亦不敢遂已，尽将家中所有铜器等物，欲走外廷投进②。到越，已移幸四明③。不敢留家中，并写本书寄剡。后官军收叛卒，取去，闻尽入故李将军家。所谓岿然独存者，无虑十去五六矣。惟有书画砚墨，可五七簏，更不忍置他所。常在卧榻下，手自开阖。在会稽，卜居土民钟氏舍。忽一夕，穴壁负五簏去。余悲恸不已，重立赏收赎。后二日，邻人钟复皓出十八轴求赏，故知其盗不远矣。万计求之，其余遂不可出。今知尽为吴说运使贱价得之④。所谓岿然独存者，乃十去其七八。所有一二残零不成部帙书册，三数种平平书帙，犹复爱惜如护头目，何愚也耶。

[注释] ①颁金：即"颁赐金人"，有通敌之罪。②投进：进献。③四明：即明州，今浙江宁波。④吴说：宋代著名书法家，其书法自成一家，称"游丝书"。时任福建路转运判官，故称运使。

今日忽阅此书，如见故人。因忆侯在东莱静治堂①，装幖卷初就，芸签缥带②，束十卷作一帙。每日晚更散，辄校勘二卷，跋题一卷。此二千卷，有题

跋者五百二卷耳。今手泽如新，而墓木已拱，悲夫！

昔萧绎江陵陷没，不惜国亡，而毁裂书画③。杨广江都倾覆，不悲身死，而复取图书④。岂人性之所著，死生不能忘之欤。或者天意以余菲薄，不足以享此尤物耶。抑亦死者有知，犹斤斤爱惜，不肯留在人间耶。何得之艰而失之易也。

呜呼，余自少陆机作赋之二年，至过蘧瑗知非之两岁⑤，三十四年之间，忧患得失，何其多矣！然有有必有无，有聚必有散，乃理之常。人亡弓，人得之⑥，又胡足道！所以区区记其终始者，亦欲为后世好古博雅者之戒云。

绍兴二年、玄黓岁，壮月朔甲寅⑦，易安室题。

[注释]　①东莱：即山东莱州。静治堂：是莱州府中夫妇二人的书斋名。②芸签：用芸草制成的书签。古人认为芸草可防蠹虫。缥带：用来束扎卷轴的丝带。③萧绎：梁元帝，名绎，字世诚，自号金缕子。公元554年，西魏伐梁，攻陷江陵，他"聚图书十余万卷尽烧之"。④杨广：隋炀帝。唐颜师古撰《南部烟花录》载，他死后显灵将生前所珍爱的书卷尽数据为己有。⑤少陆机作赋之二年：即十八岁。杜甫《醉歌行》："陆机二十作文赋。"陆机，西晋著名文学学，作《文赋》。李清照十八岁嫁给赵明诚，故曰。过蘧瑗知非之两岁：指五十二岁。《淮南子·原道训》："蘧伯玉年五十而知四十九年之非。"蘧瑗，字伯玉，春秋时卫国大夫。这里说自己写此序时已经52岁了。⑥人亡弓，人得之：此典出自《孔子家语·好生》："楚王出游，亡弓。左右请求之。王曰：'止。楚王失弓，楚人得之，又何求之！'孔子闻之，惜乎其不大也。不曰'人遗弓，人得之'而已，何必楚也！"⑦绍兴二年：适为壬子年。壮月，八月。此署年或有误，据考是绍兴五年。

[点评]　这篇散文称后序，是因为卷首早有赵明诚的自序，李清照的序在卷末，故称。

它是中国散文史上的优秀之作，自宋至清，无数评者给了它极高的评价。它既是李清照与赵明诚的合传，也是一部两宋兴替之际，一部个人的命运史，国家的兴亡史，文物的流落史。其中既有夫妇二人早年生活之情深，也有离乱之际家亡国破之情苦，更有聚散无常不胜生死之情悲。叙次详曲，光景可睹。

存亡之感，凄然言外。又往往于琐屑之处极意摹写，文字极富精神色态。感情丰沛，跌宕生姿，真情贯注却又不乏悲天悯人的情怀。

李清照的词写得婉约，诗写得刚健，散文写得大气。她存下来的散文并不多，除去一些应酬之作，每篇作品都有独特之处。

投内翰綦公崇礼启①

清照启：素习义方，粗明诗礼。近因疾病，欲至膏肓②，牛蚁不分③，灰钉已具④。尝药虽存弱弟，应门惟有老兵。既尔苍皇，因成造次。信彼如簧之说，惑兹似锦之言。弟既可欺，持官文书来辄信⑤；身几欲死，非玉镜架亦安知⑥？俛俛难言⑦，优柔莫决，呻吟未定，强以同归。

[注释] ①这是绍兴二年（1132年），李清照写给綦崇礼的一封答谢信。信中大致交待了她再嫁张汝舟后悔悔交加以及备受舆论谴责的莫大压力。内翰：官名，即翰林学士，其职责是为皇帝起草诏书。綦崇礼：字处厚，官吏部侍郎、兵部侍郎、翰林学士、宝文阁学士等。②义方：礼仪规矩。膏肓：古代中医以心尖脂肪为膏，心脏与隔膜之间为肓，膏肓是药力无法到达之处。病入膏肓指到了无可救药的程度。③牛蚁不分：形容神思恍惚，身体虚弱。典出《世说新语·纰漏》："殷仲堪父病虚悸，闻床下蚁动，谓是牛斗。"④灰钉已具：指密封棺材用的泥灰和铁钉都已经准备好了。⑤持官文书：此处用典，指张汝舟骗婚。韩愈《试大理评事王君墓志铭》载，王适托人去侯高家提亲，侯高说其女非官人不嫁。当时王适并没有当官，便让媒人拿一封假的官文书前去提亲，侯高信以为真，便将女儿嫁给他。⑥玉镜架：即玉镜台。典出《世说新语·假谲》："温峤以玉镜台为聘物，骗娶表妹刘倩英，婚后夫妻不和。"⑦俛俛：努力，费力。

视听才分，实难共处，忍以桑榆之晚节①，配兹驵侩之下才②。身既怀臭之可嫌，惟求脱去③；彼素抱璧之将往，决欲杀之④。遂肆侵凌，日加殴击，可念刘伶之肋⑤，难胜石勒之拳⑥。局天扣地，敢效谈娘之善诉⑦；升堂入室，

素非李赤之甘心⑧。

[注释] ①桑榆：落日的余晖照在树梢上，本指落日的余光，后借喻人的晚年。②驵侩：市场上的做牲畜交易的掮客。后泛指中间介绍人，相当于今天的掮客。这里指人品低劣的张汝舟。③怀臭：沾上狐臭气。《吕氏春秋·遇合》："人有大臭者，其亲戚、兄弟、妻妾、知识，无能与居者。"这里指张氏人品低劣得让人避之唯恐不及。④抱璧之将往：典出《左传·哀公十八年》："（卫庄公）曰：'活我，吾与汝璧'。己氏曰：'杀汝，璧其焉往？'遂杀之，而取其璧。"此处是说自己怀抱着一颗真诚无瑕之心相信对方，对方却图谋不轨，别有居心。⑤刘伶之肋：典出《世说新语·文学》："伶尝与俗士相忤，其人攘袂而起，欲必筑之，伶和其色曰：'鸡肋岂足以当尊拳！'其人不觉废然而退。"此处是说自己只是一个弱女子，在张氏暴力威逼之下，忍辱负重，委曲求全。⑥石勒之拳：典出《晋书·石勒传》：石勒与李阳小时候经常打架，后石勒称帝，对李阳说："孤往日厌卿老拳，卿亦饱孤毒手。"此处指张氏婚后对李清照毒打殴击。⑦局天扣地：同"蹐天蹐地"。《后汉书·仲长统传》："当君子困贱之时，局高天，蹐厚地，犹恐有镇压之祸也。"指弯着身子，小碎步轻轻走。谈娘：李清照笔误，实为"踏摇娘"，唐代流行的一个乐舞剧目。讲述了北齐一个妻子倍受丈夫虐待，她偷偷向邻人诉说。后来艺人扮成她的样子，表演其悲诉之状，众人相和。这里是说自己虽备受折磨污辱，却因顾及身份和尊严，无法像谈娘一样对外人诉说。⑧"升堂"二句：柳宗元《李赤传》载，李赤为厕鬼所惑，遂认厕鬼为妻，以入厕为升堂入室，友人相劝无效，终死于厕所。这里是说自己误入小人之手，她并不甘心与污秽为伍。

外援难求，自陈何害，岂期末事，乃得上闻。取自宸衷，付之廷尉①。被桎梏而置对，同凶丑以陈词。岂惟贾生羞绛灌为伍②，何啻老子与韩非同传③。但祈脱死，莫望偿金。友凶横者十旬，盖非天降④；居囹圄者九日，岂是人为⑤！抵雀捐金，利当安往⑥；将头碎璧，失固可知⑦。实自谬愚，分知狱市。此盖伏遇内翰承旨，缙绅望族，冠盖清流，日下无双⑧，人间第一。奉天克复，本缘陆贽之词⑨；淮蔡底平，实以会昌之诏⑩。哀怜无告，虽未解骖⑪，感

戴鸿恩，如真出己。故兹白首，得免丹书⑫。

[注释] ①宸衷：皇帝的意思。宸，本指北极星之所在，后借指帝王。廷尉：执掌刑罚狱事的官员。②"岂惟"句：典出《史记·屈原贾生列传》："天子议以贾生任公卿之位，绛、灌、东阳侯、冯敬之属尽害之。"贾生，贾谊。绛、灌，绛侯周勃和灌婴。贾谊后因周勃等人的妒害被贬，抑郁而死。③"何曾"句：《史记》以老子、韩非同传。魏晋以来，世人认为老庄为道家而韩非法家，列为同传有些不妥。《南史·王敬则传》载，王俭羞与王敬则同列，就说"不图老子遂与韩非同传"。④"友凶横者"句：此句指自己与张汝舟一起生活了一百多天，三个月。⑤"居图圄"句：此句是指自己因与张汝舟的离婚官司，被牵连坐牢九天。⑥抵雀捐金：用宝贵的东西换取贱物。典出《庄子》："以随侯之珠，弹千仞之雀。"指得不偿失。⑦将头碎璧：此处指自己宁为玉碎不为瓦全的决心。典出《史记·廉颇蔺相如列传》，秦王得璧而无意偿还赵国的十五城，蔺相如借故得璧后，对秦王说，若秦王威逼，自己将以头撞柱，与璧俱碎。⑧日下：指京城。⑨陆贽：唐德宗时的翰林学士，常为皇帝起草诏书。《唐书·陆贽传》："奉天所下诏书，虽武夫悍卒，无不挥涕感激，多贽所为也。"⑩会昌之诏：会昌年间所拟诏书，此诏书多为宰相李德裕所拟。会昌年间蔡州刺史反叛朝廷。这两句是在赞誉綦崇礼的文章写得好。⑪解骖：指用财物救人急难。《史记·管晏列传》："越石父贤，在缧绁中，晏子出，遭之涂，解左骖赎之。"⑫如真出己：如同亲自释放我一样。《左传·成公三年》载，荀莹对曾策划救他的郑国商人"善视之，如实出己"。丹书：以红笔书写的罪犯名册。此处是说因綦崇礼的搭救，自己免在白首之年遭遇牢狱之灾。

清照敢不省过知惭，扪心识愧。责全责智，已难逃万世之讥；败德败名，何以见中朝之士①。虽南山之竹，岂能穷多口之谈；惟智者之言，可以止无根之谤。高鹏尺鷃，本异升沉②；火鼠冰蚕，难同嗜好③。达人共悉，童子皆知。愿赐品题，与加湔洗④。誓当布衣蔬食，温故知新。再见江山，依旧一瓶一钵；重归畎亩，更须三沐三薰。忝在葭莩⑤。敢兹尘渎⑥。

[注释]　①中朝：朝中。②高鹏尺鷃：典出《庄子·逍遥游》。鹏高飞，抟扶摇直上九万里。鷃是小鸟，每次腾跃而上，不过数仞而已。小大有别。③火鼠冰蚕：皆为传说中的异物，一生于火，一生于水，二者物性迥异。这两处用典，表明李清照与张汝舟根本不是同路之人，无法共处，唯有离异。④湔洗：洗刷。⑤忝在葭莩：忝，谦辞。葭，芦苇。莩，芦秆中至薄的一层白皮。葭莩，借指疏远的亲戚的关系。此处是李清照自谦之词。⑥尘渎：劳烦、打扰。

[点评]　这封信是李清照写给綦崇礼的答谢信。信中既感谢綦公周旋使自己免受牢狱之灾，也欲借尊者之威堵世人悠悠之口。她在信中交代了自己在病中孤独无依、轻信小人被骗婚的过程，也写了婚后的不堪与龌龊，更大量用典表明自己欲与小人决裂、冒天下之大不韪的决心与勇气。身为女流，在当时的社会情形下，做出诉讼离婚的抉择，的确需要傲骨与坚定，这点李清照从来都不缺乏。但骗婚事后，世人对她的行为多加指责，流言如矢，众口烁金，她行高于众的举动，终难见容于主流的道德和社会评价体系，她深感惭愧，同时也深深忧惧这些无形刀剑之威逼。万般无奈之下，她借答谢綦公之信，表达了自己欲求清净，欲借"智者之言"止"无根之谤"的卑微愿望。让人叹惋。

自宋至明至清，对李清照改嫁一事，众说纷纭。承认有其事者，多指责李清照败德无节。不承认有其事者，多方考证以证改嫁之事实为乌有。李清照是否改嫁张汝舟，我很难妄下断言。但我宁愿相信她改嫁事真，改嫁后离异更是真。因为这完全符合李清照超拔于流俗之上，既清傲又刚强的个性。若她完全混同于流俗，完全和一般女子无异，历史上怎么会留下她的名字？大凡卓异之人，必有特立之处。